隱性孤單

諮商心理師
陳雪如
Ashley
著

孩子有事不說怎麼辦？
35個成長轉型的支持&溝通法則

目錄

PART 2

幫孩子解決問題是大忌？

——梳理常見溝通誤區，促進連結的對話祕方

破解轉型的迷思

PART 3

面對轉型的挑戰①

「我是誰」的迷惘

——孩子透過成績、容貌和性別來建立自我認同感

PART 4

面對轉型的挑戰②

孩子都不跟我說他怎麼了？——了解孩子承受的同儕壓力、網路霸凌與隱性孤立

PART 5

面對轉型的挑戰③

孩子一直黏在手機與電腦前

——深入造成孩子網路成癮的根源問題

PART 6

面對轉型的挑戰④

孩子的情緒風暴——焦慮、憂鬱、過動與自傷

——理解孩子常見的心理疾病以及處理方式

PART 7

疏導轉型的卡關

當孩子轉型遇到難關——拒學

——孩子拒學的原因，以及大人可以提供的協助

暖心推薦

（按姓名筆劃排序）

孩子心裡受傷了，但家長也覺得很委屈，親子雙方在互動中陷入僵局。雙方都因為自己無法被理解，而感覺孤單，但這孤單卻又難以清晰表白。所以孩子打遊戲，大人熬夜追劇，各自找到可以遁逃其中的空間，因此繼續拉開了彼此的距離。我們真的很需要《隱性孤單》這本書，找到大家都舒服自在的方式，再次嘗試靠近，緩緩的終結孤單！

——洪仲清｜臨床心理師

對於家有即將邁入青春期，或已經是青春期孩子的家長而言，這是一個充滿挑戰、衝突、矛盾與失落的階段。許多孩子和父母關係表面上降到冰點，但內心卻仍然相互在意，這種矛盾也形成了許多親子間互動的張力。怎麼理解、怎麼應對，成為我們心中的糾結。

在雪如心理師深入貼近青春期孩子的敏銳視角中，帶著我們逐一揭開孩子心中的面紗，在細緻又清晰的理解基礎上，開展出親子間真誠的心關係。透過理解「隱性孤單」，陪著孩子走出不被理解的孤單。

——**陳品皓｜米露谷心理治療體系**

「一個孩子出了問題，人們容易咎責主要照顧者的身上。因為有個戰犯怪罪，好像可以比較安心。但其實這是個粗暴的做法。」本書在最開始的地方，便承接起主要照顧者的所有委屈，然後再用客觀的角度描述事實、溫和的語調提供解方。

隱性孤單，是指孩子外在雖然看似有家人、有朋友，但內在其實是孤單的。這本書列舉了許多栩栩如生的情境，我不禁一邊閱讀一邊想：「啊，如果我們都能這樣與孩子互動的話，孩子的內在，一定會長出源源不絕的力量吧。」

——**楊元安（羊羊老師）**｜**特教教師、作家**

一位學生突然躁鬱症發作，嚷著要休學，她的母親含淚搖頭：「導火線是她的兩位死黨出國了，她感覺非常的孤單。」

我非常詫異，因為這位學生平時活潑外向，想不到正深陷孤單風暴，而這樣的孤單，是「隱性」的。

感覺孤單，是一塊幸福骨牌的推倒，常接連引發孩子的社恐，最後導致慣性請假、成績退步、憂鬱與拒學。然而，「隱性孤單」名為隱性，就因為太不容易被察覺。

今日樂見校園心理師陳雪如，將累積多年的輔導經驗，結集成書，適時提醒身邊埋有未爆彈的父母，聽見書中常出現的聲音：「我以為孩子過得很好，竟收到學校通知：孩子其實很痛苦？」

是的，我們的「以為」，常常只是一種幻想。在愈來愈難建立深度人際關係的網路時代，想幫助孩子遠離孤單，是閱讀這本《隱性孤單》的時候了！

——**蔡淇華｜惠文高中圖書館主任／作家**

—前言—

擁有家人與朋友，為什麼孩子仍感到孤單？

隱性孤單，是我觀察到現代的孩子，特別常出現的一種狀態。

看似有家人、朋友，但孩子覺得在大家面前，需要戴上面具，害怕別人看見真實的自己。連對家人也是。有些孩子告訴我，他們對爸媽也會戴上面具，扮演爸媽期待的樣子；爸媽自以為很了解孩子，但孩子卻覺得爸媽一點也不認識真正的自己。孩子接收到爸媽許多的期待，恐懼當自己不再活成爸媽期待的樣貌，會失去他們的愛。

跟同儕相處也是。網路讓孩子與同儕間的溝通，變得更曖昧不明，誤會跟衝突也常莫名發生。例如孩子可能在班上有很多朋友，但其實孩子在學校，是刻意戴上符合他網路形象的人物設定面具——假裝陽光、不拘小節。但其實孩子也有有負能量的時候，卻害怕在朋友面前顯現，怕朋友只喜歡陽光的自己，不喜歡有負能量的自己，也怕朋友覺得自己在網路上的人設都是假的！

網路加劇孩子對人際關係的不信任與拒學

又或者，孩子跟班上同學起了點小衝突，可是不知道怎麼跟對方溝通，也不敢跟對方溝通。網路，大幅影響人際間的相處。

家長小時候的年代，在學校跟同學吵架，放學後就能暫時卸下心裡的糾結，轉移注意力去做其他事情，傷害僅止於當下。但在網路發達的今日，回家後孩子肯定打開社群軟體，看對方有沒有拉小群組罵自己、有沒有封鎖自己等等。現實中的互動，延伸到網路上繼續發酵，造成孩子對於人際關係有更多的不信任感，甚至不知道此刻對自己釋出善意的同學，會不會是背地裡在網路上攻擊自己的幕後黑手。

孩子的一言一行都被觀察著，不知道自己什麼時候會成為網路上被討論、訕笑、嘲諷、排擠的對象。這讓孩子在跟同儕相處時，很難放心做自己。

於是，很多孩子陷入隱性孤單的狀態。表面上看起來跟家人關係和諧，在學校也擁有很多朋友，可是孩子內在卻覺得很孤單，覺得沒人能了解自己；很多痛苦跟迷惘，也無人可以訴說，沒有人可以引導自己，導致心裡很慌，不知道該怎麼辦。

有些孩子慢慢累積情緒到最後，甚至會莫名的哭泣或暴怒。孩子開始覺得情緒失控了，「失控的情緒」成了孩子另一層的痛苦跟恐懼——我怎麼連自己的情緒都無法控制？怎麼覺得自己變得好怪異陌生？許多孩子看到別人用自我傷害的方式處理失控的情緒，也開始試圖傷害自己，例如明明很怕痛，卻拿刀割腕，看著血流出來，用痛覺來轉移注意力。同時也因為心理上的痛，不知道怎麼說，說了也好像沒人真的理解，因此用身體上的傷，發出求救訊號，希望被大人發現自己的不對勁，關心自己的異常。

也有許多孩子，在成長路上卡關時，會開始拒學。尤其在嚴重特殊傳染性肺炎（COVID-19）疫情嚴重時，有一段時間學校轉為線上學習，許多孩子在解封後，無法回到學校上實體課。孩子或許是因為遇到家庭問題、人際問題、課業問題等等，總之就是在學校遇到某些壓力狀態，以前不得不每天去上學面對，現在體驗過在家學習、不需整日面對壓力的日子後，更難再次回到學校面對那些困難。孩子不知道如何度過這些困難，只好像鴕鳥般躲入自己的房間，成天逛網路度日，為自己創造一個虛擬但安全的世界，用逃離現實的方式讓自己苟延殘喘的活著，卻活得非常痛苦。

許多人只看到表面問題，誤以為孩子是網路成癮。但其實網路成癮只是因為孩子躲在家中很無聊，用網路打發時間，並不是因為先成癮於網路，所以才不想去上學。就算孩子真的是因為網路成癮而不想去學校，勢必是因為現實生活中有某些點出了問題，讓孩子覺得在網路中反而能獲得關心和成就。

因此，家長們需學習用彼此都舒服的方式溝通，時時關注孩子狀態，才能在孩子出一點小問題時，即時用孩子「需要的」方式協助他，但又不過度涉入，讓自己公親變事主。

親子間多培養信任感，有助於覺察孩子何時陷入隱性孤單

但要如何知道孩子出了小問題、有可能陷入隱性孤單的狀態？唯一的方法，是需要多跟孩子建立信賴的親子關係和正向溝通循環。本書舉了很多具體的例子與技巧，源於我在大量與家長及孩子的諮商實務工作中使用的經驗。這些方法獲得許多孩子們的認可，認為這是他們希望家長使用的溝通方式；對家長來說也是確實有效跟能夠執行的方法。歡迎大家試試。

隱性孤單，其實不只發生在孩子身上。身為家長的我們這一代，也常陷入隱

性孤單中。我們的上一代並不重視教養，大多只在乎孩子有沒有吃飽穿暖，偏向生理上的照顧，而非心理上的滋養。於是這代家長特別辛苦，要修復與父母間的關係、療癒自己，又要努力學習親子教養，避免將上一代的傷，延續給下一代。

可是呀，很多家長好難修復跟父母間的關係，於是跟父母之間，需要維持著某種距離。即便可以跟父母和平共處了，但許多童年的傷痛，不敢跟父母談，心中永遠有著一塊被父母傷透的小角落，很難完全信任父母會無條件的愛自己。

跟伴侶的關係也是啊！許多人猶如婚內失戀，維持著婚姻關係，兩人卻比室友更加陌生；不打擾就是最好的祝福，一交集就是爭吵。

跟父母、伴侶的關係不順，跟孩子的關係也失衡。心力交瘁的拉拔孩子長大，做最多事的人，往往也是孩子最會埋怨或撒氣的對象。且不論跟孩子的關係是好是壞，孩子總有離巢的一天，該放手讓孩子自由飛翔。那自己呢？過去所有的成就與快樂都繫在孩子身上，為孩子犧牲奉獻、眼裡心裡都是孩子的時間太久了，一回神，突然發現，自己不太認識自己了。只知道孩子的喜好，卻不知道自己喜歡什麼；生活頓失重心，也不太知道怎麼跟自己相處。

隱性孤單，不只是與外在他人失去連結，也包含與自己失去連結，連自己也不了解自己。

隱性孤單，是各年代的人都會發生的狀態。把自己的孤單藏起來，不讓人知道自己的痛苦與脆弱。只是，在網路未普及之前，我們好痛苦的時候，可以找人抱怨、可以揪朋友一起玩樂來分散注意力，這些方式幫助我們維持某程度的社交技巧，讓人的心理相對健康。與外在他人維持著連結，雖然有被傷害的機會，但同時，也有被療癒的機會，讓受創的關係有機會流入被愛與被信任的新經驗，不再拒人於千里之外。

但現代，許多人在感到孤單時，不再出門，甚至罹患人群恐懼，躲在螢幕後面跟人交流感覺似乎更安全。有些人會找網友一起打電動，但絕不聊私生活；也有些人不跟真實生活中的人分享任何事，只願意跟網路上不知道自己真實身分的人說心事。這都是隔了一層距離在與人交流，雖然不是這麼理想，但仍是值得鼓勵的，至少這群人透過網路，仍維持跟社會某種程度的連結。

最值得擔心的一群人，是當他們陷入隱性孤單、覺得好痛苦、好無助的時候，用觀看網路影片麻痺自己。在現實生活中不與人交流，在網路中也不跟網友交流，完全封閉在自己的世界中。這樣的人完全失去社會連結，長期之下，會很難再度回歸社會；那些在人際間受到的傷害，也很難有翻盤的可能，協助的資源也很難介入。這，就是我這幾年來，在許多孩子身上看到的狀態。

一個把自己關在房間裡的孩子，是會影響整個家庭的。通常家長會因為擔心孩子的未來，時常跟孩子爭吵，親子關係變得非常緊張，而且這樣的狀況可能會維持好幾年。而其他手足，會覺得家裡已經有一個孩子出問題了，自己不能再惹麻煩，因此變得異常成熟懂事乖巧，但其實是過度壓抑自己，不敢讓家長知道自己真實的狀態，落入隱性孤單中。通常在好幾年後，那個表現正常的孩子——尤其在離家後——情緒會一股腦爆發，產生情緒問題。也有些人選擇盡量不回家，與家人維持相當疏遠的關係。

從我們的上一代，到我們這一代、到下一代，已經有夠多傷了。希望這本書，給予家長們一些陪伴，讓家長們覺得不孤單；也提供家長們一些方法，在教養路上不再感到無力無助。

我在諮商工作中，看到很多父母真的很愛孩子；也看到很多孩子，真的很愛父母。但因為溝通方式出了問題，讓愛變成傷害，彼此疏遠，真的好可惜。稍微改變一下溝通方式，就能讓親子關係有很大的改變。讓我來陪伴家長如何教養，家長則陪伴孩子建立心理健康。我們一起努力，讓愛真的能傳遞到孩子心中；讓我們的下一代，能活得更溫暖、安全；讓世界少一點受傷的孩子與壞掉的大人。

※為保護當事人，本書所寫案例皆經過改編，若有雷同純屬巧合。太多人有著相似的經驗了，因此若看到書中的例子，覺得跟某個認識的人的故事很像，絕對不可能是你認識的那個人。

迎接轉型的預備　PART 1

為什麼孩子的情緒開始不穩定？

大人的心態調適與儲備陪伴能量

Q1

孩子出錯，是我的教養有問題嗎？

A

孩子的情緒問題或偏差行為是求救訊號，家長的理解是關鍵

「我做錯了什麼？到底哪個環節出錯了？我的孩子怎麼會變成這樣？」我在諮商室中，時常聽到許多無助的家長這樣問我。

他們的孩子，有的把自己關在房內，幾乎不跟家人互動；有的三天兩頭請假、幾乎不上學；有的出現傷害自己的舉動；有的脾氣變得好暴躁；有的個性則變得退縮……總之，可以感覺到孩子出問題了，脫離正常表現了，需要幫助了。

在我剛拿到諮商心理師證照、剛接案的時候，我很快就認同「孩子出錯一定跟父母有關」這句話。畢竟在心理學的家族系統理論中，認為家庭是一個系統，當一個孩子出問題，其實代表整個家庭系統出問題；孩子只是代罪羔羊，做為顯現問題的人。

可當我不斷累積實務經驗後，我發現，或許孩子心理生病了，不是誰的錯，就只是發生了。孩子在成長過程中，會遇到許多轉型挑戰，如果沒有順利度過這些挑戰，就會用情緒問題或偏差行為等方式，丟出求救訊號。

例如，受到社群軟體的影響，孩子的人際關係變得更加複雜；明明兩人是好友，但對方卻常貼文表示跟其他同學出遊，從沒邀請過自己——對方真的把自己當成好友嗎？

又如，當孩子逐漸長大，生活重心轉移到同儕，許多孩子會在意自己在班上有沒有「最好」的朋友？「我這麼用心付出、重視朋友，但……對方也一樣重視我嗎？」在班上很活躍的孩子，看似有許多朋友，但卻沒有一個知心好友，內在也可能是孤單的。

再如，許多孩子國小成績優異，但上了國中、高中後，成績卻開始下滑。當孩子習慣用成績定義自己價值、無法接受自己不再那麼優異，讀書就會變得很痛苦，翻開書就想逃避，轉而去滑手機，接著，慢慢開始不想上學⋯⋯

孩子出了問題，不在正常的軌道上，孩子心裡都知道；最慌的，是孩子本人。如果這時候，孩子沒有朋友的支持、沒有老師及學校的資源協助，尤其，還要受到家人的責罵與不理解，孩子會落入孤立無援的處境，有時候一卡關，就是好幾年。

國中、高中、大學，是孩子學習成長的精華階段，當別人在前進，自己卻卡關，需要休學甚至退學；別人考上高中、拿到大學文憑、找到工作了，反觀自己呢？還卡在家中，不知道自己的未來在哪裡。這樣的迷惘和焦躁感，會愈來愈大，讓人難以呼吸。孩子愈卡愈深，可是旁人通常是充滿不解的：「你趕快努力，不要繼續待在家裡上網無所事事，不就可以幫自己脫離那種狀態了嗎？是你把自己困住了啊！」身為孩子的主要照顧者，擔憂孩子的未來是情有可原，但過度的擔心和焦慮，對孩子來說好像隔岸觀火，覺得家長無法理解自己的困境，自己也不知道怎麼表達，只好再把自己關起來，跟家人疏遠、跟社會脫節。迷惘與焦慮的情緒，同時淹沒了家長與孩子，撕裂了親子間的關係與信任，成了一個屋簷下，最熟悉的陌生人。

我時常到各校園進行演講，許多家長、老師不約而同向我反映，他們觀察到現代孩子有情緒問題的比例，似乎變多，且年齡愈來愈早。尤其國小老師觀察到，有小學二年級的孩子，就曾做出強烈的自殺行為，例如一拿到考卷，看到分數不如預期，就衝向窗臺準備跳樓。

當一個孩子出了問題，大多數人的直覺反應，就是把孩子的問題歸咎在主要照顧者身上。做最多事的人，最容易成為被咎責的對象。想想，如果把孩子失常的罪責，都放在為孩子勞心勞力的主要照顧者身上，那真的有苦難言，也真的好委屈。其實，關心孩子的大人們，對孩子的狀態是感到無能為力的，也不知道為什麼孩子會變成這樣、找不到哪裡出了問題。於是，只好找個人怪罪，好像就可以找到問題在哪裡、好像比較有改進的方向，讓人安心，不再陷於徬徨、焦慮與困惑中。但事實上，硬是為孩子的問題找個戰犯怪罪，是無用且粗暴的做法。

孩子出了問題，是誰都不願意發生的。我曾陪伴許多孩子與家長走過無數坎坷的路。我發現，重點不是孩子為什麼出了問題——問題發生了，就是發生了；但孩子能不能更順利的度過問題挑戰，關鍵在於家長是否願意理解、陪伴孩子。

在了解孩子為什麼情緒變得不穩定之前，我們先簡單認識心理學的人格發展理論，看看孩子處在哪個階段任務上。這能夠幫助我們理解，孩子此刻面臨的問題，是正常發展階段都會遇到的問題嗎？怎樣的狀態又是異常呢？

不要把孩子失常的罪責，
放在為孩子勞心勞力的主要照顧者身上。

Q2

我對孩子的擔心，是過度緊張，還是孩子真的需要專業協助？

A

孩子需要從照顧者眼中，感受到自己是有價值的

家長們常有一個很難說出口的隱性困惑：「我對孩子的擔心，到底是我庸人自擾、過度緊張，還是孩子真的有問題，我需要帶他尋求專家的協助？」

舉例來說，大多數一歲多的孩子，都會叫爸爸媽媽了，但有些孩子還不會叫，家長就會擔心小孩發展遲緩。但其實醫生認為這尚在正常發展階段的範圍，可以再給孩子多點時間觀察。同理，當孩子逐漸長大，家長需要分辨，孩子遇到

的問題，哪些是正常發展階段會遇到的？哪些是異常的、需要積極處理？例如，孩子漸長，變得相當重視、在意跟同儕間的互動，跟家長不再無話不談，這是這個階段的正常發展，並不是小孩異常。

那麼，孩子每個發展階段會面臨的發展任務和挑戰是什麼呢？一九五〇年代，發展心理學家愛利克・霍姆伯格・艾瑞克森（Erik Homburger Erikson，1902-1994），提出著名的「社會心理發展階段」理論，說明一個人在每個成長階段，都有該發展的目標任務。而我們可以依據艾瑞克森理論的指引，將關注焦點放在孩子是否順利度過該發展階段。

若孩子沒有順利度過，也別憂心。家長們可以先退後一步，什麼都不做，觀察孩子就好。孩子暫時卡關是正常的，就好像打遊戲會卡關，但經由不斷挑戰，會慢慢破關。不需要在孩子一卡關時就覺得孩子此刻完結了、未來也沒希望了，或覺得小孩永遠過不了關。孩子需要一點時間研究如何破關，父母的陪伴跟袖手旁觀的能耐，也是一種對孩子的能力的信任。

如果孩子真的卡關好久，看起來真的解不了這個階段的任務，這時候家長可以用第二章提到的對話祕方確認孩子是否真的卡關、需要怎樣的幫忙。此部分會在後面章節詳細說明，在此不再贅述。

再來要進入正題囉！我們來看看，根據艾瑞克森的理論，孩子在成長過程的每一個階段會遇到的任務各是什麼呢？

首先，**零到一歲的孩子，主要發展任務是「信任 vs 不信任」**。嬰兒需要依賴主要照顧者的悉心照顧，才能吃飽、穿暖、健康成長。當嬰兒的需求被回應，嬰兒能感覺世界是安全的、可以信賴的。反之，當一個嬰孩被虐待、忽視，哭了好久都沒人理，甚至遭受肢體暴力，嬰兒在心底深處，肯定非常害怕，無法信任他人、信任世界。

一到三歲的孩子，主要發展任務則是「自主行動 vs 羞怯懷疑」。這階段的孩子開始有能力自己吃飯、穿脫衣服、做些簡單的家務等等。透過動手做，孩子有機會練習、精進技能，從中累積成就感，相信自己能做到。這樣的孩子，會較敢主動嘗試、面對挑戰。反之，若什麼事都幫孩子完成，或在孩子出錯時嚴厲責罵孩子，孩子會開始懷疑自己的能力，並對自我產生羞愧感。

三到六歲的孩子，主要發展任務是「自動自發 vs 退縮愧疚」。這階段的孩子，語言發展逐漸成熟，喜愛表達與發問，擁有旺盛的好奇心，喜歡學習，也喜歡表現自己。若此時照顧者總是安排過難的任務，並譏笑或責罵孩子無法完成，孩子會感覺受挫、無法信任自己能力，害怕未知與挑戰，傾向待在別人安排好的安全選項中。因此，當此階段的孩子想主動探究或嘗試時，可多給予鼓勵，孩子會形成主動性，並發展責任感與創造力。

六到十二歲的孩子，發展任務是「勤奮進取 vs 自貶自卑」。孩子開始上國小了，國小的壓力跟幼兒園是很不同的，除了同儕關係變得更複雜之外，課業壓力也變得更重。在學校少了許多玩樂時間，需要好好坐著專心上課，需要更成熟獨立的照顧自己；也有了考試，同儕間多了競爭比較。如果孩子在國小階段經驗到的成功經驗多於失敗經驗，孩子會更願意學習、相信自己的能力、試著挑戰自己。反之，若孩子總是失敗，找不到自己發光發亮的地方，則容易看低自己，生活中遇到困難，也較容易放棄。

並不是每一個孩子的天賦才能都是很會讀書考試的。然而，孩子的生活，不是在學校就是在家裡，這兩個地方大大的影響孩子對於自我概念的建構。對於不會讀書考試的孩子來說，他時常在學校經歷許多挫敗經驗，即便家長真的不重視成績，孩子也清楚知道，這世界很常用成績、排名、成就等等來定義、認識一個人。因此很多孩子對自己的目標設定是要考「中間之上」，因為考「中間之下」感覺好像自己不如平均值，跟班上總體比較是偏輸的。甚至有孩子告訴我，當他考得好時，他覺得走路都有風；當他考不好的時候，覺得自己沒資格在班上說話。更別說很努力但還常考倒數的孩子，那種挫敗感會讓孩子想放棄學業、放棄挑戰，也放棄自己，認為「反正我就是做什麼都做不好，我就是沒能力，我沒有未來。」

看到這裡，或許許多家長會擔憂，如果孩子就是不會讀書，在學校考試的競爭中就是不斷經驗失敗，那該怎麼辦？的確，不是每個孩子都會讀書，但不擅長讀書的孩子，身上一定具備其他的優勢能力，要讓孩子從其他事務上累積成功經驗，發展對自己能力的信任。例如孩子社交技巧很好、做事很細心、喜歡繪畫做甜點等等。因此，幫助孩子找到自己的亮點、看到自己原來在某方面表現得還不錯，對於在學業上受挫的孩子來說，特別重要。在讀書的賽道上，孩子或許是烏龜，就不要強迫孩子成為能跑遠跳高的兔子了吧！孩子會從大人的眼中一次次看見對自己的失望。要讓孩子相信，在其他的賽道上，他也能成為贏家。

要怎麼找到孩子的亮點呢？答案很簡單，就是看孩子對什麼有興趣，或什麼事做得不錯，就送孩子去學那項才藝。可是最讓家長煩惱的是，孩子總是半途而廢；學了一陣子才藝，遇到一點小困難就不想學了。家長很擔憂，孩子不斷半途而廢，怎麼可能成功？孩子這樣的個性該怎麼處理？

我想告訴家長們，半途而廢不見得是孩子愛逃避，也可能是孩子探索後發現這項才藝跟自己想的不一樣，或是自己並不喜歡把興趣變成專業。這是探索很常發生的歷程，很多人不知道自己的喜好，但透過探索，至少知道自己不喜歡、不適合什麼。或許看起來好像一無所獲，但其實透過這個歷程，孩子正在慢慢了解自己。

探索興趣與生涯，是一個漫長的歷程。許多成人活到一把歲數，都還沒探索出自己的興趣到底是什麼，工作領域也換來換去。我們又怎能急著要孩子趕快找到志向、專心不二的去精深呢？或許這反映出大人的焦慮，需要看到孩子有所長，才能安心，可是卻扼殺了孩子探索自己的機會。

孩子才是他生命的主人。如果家長會擔憂孩子的未來，孩子一定也會擔憂自己的未來。沒有一個孩子喜歡自己總是居於人後。孩子也想成功、也想被人看得起。可以想像，當一個孩子在學業上無所成，連在跟學業無關的學習上也無所成的時候，孩子會多麼挫折、多麼懷疑自己。

當孩子懷疑自己，家長就需要扮演那位相信孩子能力的人。相信我們的孩子「一定是有能力的，只是尚未找到自己的天賦潛能」，鼓勵孩子繼續多方嘗試、探索。孩子非常需要從照顧者眼中，看見照顧者對自己的欣賞與肯定，他才能進而相信、肯定並欣賞自己。家長需要先扮演能夠肯定、鼓勵、欣賞孩子的滋養型父母，孩子才會內化這樣的父母形象，長大後，也才能欣賞、肯定自己，而非永無止境的批評、否認、貶低自己。

對自己有自信、不會攻擊否定自己的孩子，在未來遇到挑戰時，較能相信自己可以跨過挑戰，也較能跟他人發展親密的關係，而非總是落入比較競爭中，視所有人為假想敵，輕視否定他人，卻又想得到他人的追捧與肯定，不斷藉由外在條件肯定自己的價值，內心深處卻總是心虛。缺乏自信的孩子，無論得到再高的成就，其實還是對自己充滿自卑，畢竟，永遠有人比自己厲害。希望我們的孩子長大後，都不用落入這樣的痛苦中，一輩子貶低否定自己。

接著，**當孩子慢慢進入青春期，十二到二十歲的孩子，主要發展任務是「自我統合 vs 角色混淆」**，孩子在尋找「我是誰」、「我是一個怎樣的人」。這時候孩子可能會不斷從家人、老師、同學身上尋找「你喜歡我嗎?在你眼中我是一個怎樣的人？」的答案，當外在他人對孩子的評價，與孩子對自己的評價很不同時，孩子會產生困惑，甚至變得很混亂。例如孩子覺得自己不是自私的人，卻從同學嘴裡聽到，因為自己拒絕和同學一起組隊打遊戲，而被說自私。於是，孩子開始困惑：拒絕會讓人生氣？拒絕是不可以的嗎？拒絕是正確的還是不正確的？自己真如同學所說是很自私的？是自己有問題還是他人有問題呢？

孩子不像成人已經歷過很多人事物，相較之下，成人比較知道是非對錯的價值觀，即便有人攻擊批評自己，也不易動搖。可是青春期的孩子尚未對「我是一個怎樣的人」形成穩固的形象，加上這時期的孩子容易用不成熟、傷害人的方式處理人際間的紛擾，讓孩子更容易對自己的行為充滿困惑，不知道自己是對的還是錯的、不知道自己是不是惹人厭的、不知道如何做自己但又能被同儕接納。

孩子除了生理上的轉變，例如抽高產生「成長痛」，在看不到的心理層面也產生許多「心理痛」。在尋找「我是誰」的歷程中，孩子充滿迷惘、困惑，卻不知可以找誰討論，也不知自己的煩惱是不是想太多……許多煩惱悶在心裡，也容易對家人不耐煩，將家人當作出氣的對象。

看到這裡，家長或許超級想跟孩子聊聊、幫助孩子，可是卻碰得滿鼻子灰，因為孩子覺得你在探聽他的隱私、要你不要管。孩子不再像國小時期般，總是嘰嘰喳喳說個不停，願意把很多事情跟家長分享；相反地，孩子變得很沉默、總是臭臉，好像家長沒有善待孩子。

家長別灰心。青春期的孩子，不再跟家長分享許多事情，不代表跟家長關係不好或討厭家長。對於青春期的孩子來說，他們迫切的在尋找「我是誰」以及建立自己的價值觀，可是孩子發現，如果跟家人靠得太近，就會沒機會釐清這是自己的價值觀，還是家人的價值觀。孩子從小接受父母灌輸所有的觀念想法，現在，孩子需要跟父母拉出一點距離，讓自己的腦袋清淨一點，才能進一步釐清：「爸媽的觀念是這樣，那我的呢？我的想法又是什麼？」青春期的孩子需要隱私，需要跟父母拉出距離，有助於幫助自己發展有別於父母的「自我」。

尤其，比起家人，孩子在這階段更重視自己在同儕眼中的形象。學校的同學是孩子接觸外人的地方、是孩子社會化的地方，孩子透過同儕的眼，確認自己在社會他人的眼中，是什麼樣子。

那家長要怎麼知道，孩子只是需要空間來探索自己，還是真的有某件事導致親子關係變不好呢？很簡單，只要看孩子發生大事的時候，會不會跟爸媽說，就知道對孩子來說，爸媽是否是可以依靠、信任的人。這裡的「大事」，不是指真的「代誌很大條（台語）的事」，而是「孩子心中很在意、很煩惱的事情」。例如孩子的好友最近放學都跟另一個同學走回家，讓孩子很心煩，這或許對大人來說根本是小事，但只要孩子很在意，就是「大事」。一旦發生這種孩子很在意的「大事」時，還願意跟家長分享，那就代表親子關係是足夠好的。

但是要提醒家長，當孩子跟家長分享「大事」時，家長不要太緊張，一直給孩子建議或分析。很多時候孩子分享「大事」，只是想找個人說說、抒發一下，他們並不想聽到建議，也不需要家長的幫助。傾聽且不評價，對孩子來說就夠了。為何不要給建議？該如何傾聽而不評價？我在後面第二章有詳細的說明。

孩子在尋找「我是誰」的歷程，很可能會經歷一段漫長的「統合危機」，例如覺得「同學眼中的我好糟糕，是我真的不好，還是他惡意對待和霸凌我？我不知道，我好混亂，人好恐怖，我想遠離人群，我害怕人，我不信任人……」於是，孩子可能在學校變得沉默寡言，甚至開始表示不想上學。也可能在孩子成年後，即便有親密伴侶，仍對他人感到害怕，無法真正打開心門；習慣性的在人前戴上面具，覺得真實的自己必定會被厭棄。

那怎麼辦？沒事的，孩子會受傷，但也有機會可以修復。我們總想保護孩子永遠不受傷，可是這是不可能的。孩子受傷很讓人不捨，但更重要的是傷口有沒有被清創、有沒有被好好治療。因此，比起保護孩子，我認為更重要的是陪伴孩子。我們無法永遠為孩子遮風擋雨，但我們可以在孩子受傷時，給孩子安慰，讓孩子知道，世界上永遠有一個人支持他；無論他的樣貌如何，他都是被喜愛的。

當孩子順利度過統合危機，了解自己是誰，較不會輕易受他人評價而陷入自我否定的痛苦中，也較敢信任他人，與人發展親密關係。這正是艾瑞克森認為二

十到四十歲的人主要發展任務：「親密vs孤獨」。

到了**四十到六十五歲，發展任務則著重在「愛心關懷vs頹廢遲滯」**。這階段或許開始生兒育女，撫養、關懷家人，也或許在事業上傳承，開始培養年輕人；反之，則認為自己一事無成，頹廢遲滯。

最後一個階段則是**六十五歲到死亡，發展任務是「完美無缺vs悲觀沮喪」**。老年人常會回顧過去的日子。如果一個人發現過往的生活是有意義、豐富的，或是有許多快樂的經驗，此時會深覺人生是完美無缺的；反之，則認為人生毫無意義，心中也會充滿悲觀和沮喪。

成長轉型過程中看似失控的危機，其實是邁向成熟的轉機。

Q3

當孩子陷在原地、停滯不前

A

孩子轉型遇到不順很正常，請在孩子無助時給予陪伴

根據艾瑞克森的理論，我們了解人生每個階段，都有需要面對的議題。我們當然希望，孩子在每個階段都可以度過挑戰、順利轉型，但若卡在某一階段，就代表人生完蛋了嗎？

我不這樣認為。我認為，有時候孩子看似停滯不前、出了問題，但或許這是化了妝的祝福。芊芊就是一個例子。

芊芊是位罹患憂鬱症的二十歲學生。因為失戀，情緒狀態非常低落，出現自我傷害的行為。芊芊不太敢把自己狀態跟朋友說，怕朋友無法承接自己的負能量，也怕朋友對自己貼上憂鬱症的標籤。

芊芊也不敢讓爸媽知道自己的狀態。對她來說，爸媽是好遙遠的存在。小時候，芊芊的媽媽也有憂鬱症，時常在芊芊面前割腕揚言自殺。芊芊害怕極了，擔心失去媽媽，也非常害怕媽媽憂鬱時的那種黑暗氛圍。

芊芊總在爸媽面前表現好的一面，不想惹媽媽生氣，對媽媽的要求百依百順。但其實，芊芊被這個家壓得喘不過氣。直到上大學，芊芊挑了一間離家最遠的學校，離開家，她才得以呼吸。

可是芊芊卻發現，就算離開家了，她還是好怕別人討厭她、對她生氣。對於同學的要求，芊芊總是笑臉答應，即使內心覺得好疲累、好想拒絕，卻不知道怎麼向別人說不，也害怕看到對方失望的表情。

當芊芊失戀、身心狀態極度糟糕，甚至有離開世界的想法，她沒人可以依靠。此時的芊芊最怕回家，因為現在她沒有力量，在媽媽面前戴上「我過得很好」的笑臉面具。

後來在諮商歷程中，芊芊有機會與媽媽對話，媽媽才逐漸了解，原來過去在芊芊面前割腕，對芊芊的傷害這麼大；也慢慢理解，芊芊只要跟爸媽同處一室就會感到壓迫，所以不想回家。

往後，當媽媽跟芊芊聊天時，媽媽除了表達自己的意見，更願意停下來反問芊芊的意見，努力尊重芊芊的想法。媽媽希望芊芊可以做自己。

慢慢的，芊芊敢在爸媽面前表達跟他們迥異的想法了，也敢拒絕爸媽了。對現在的芊芊來說，跟媽媽比較可以像朋友般相處，無話不談、輕鬆自在。

芊芊說，她從沒想過，有一天可以跟媽媽有這樣的關係。她感覺自己終於有媽媽了。媽媽也說，以前總覺得女兒好有距離感，很多事情不願意說；但現在女兒一有狀況，都願意讓媽媽知道。

生病，有時候就像傷口長了膿瘡，不去清理，會爛掉發臭；可是如果好好面對、好好治療，就會長出新的皮肉。就如同人際或家庭關係，會受傷會長膿，但如果趁這個機會好好理解彼此，關係就有可能長出新的樣貌。

孩子在成長階段，透過不斷的探索、度過挑戰，慢慢長出自己的樣貌；這是一個找尋自我的歷程。在某階段卡關、轉型不順，是很正常的，我認為更重要的是，家人如何在孩子最無助的時候，花時間心力陪伴、理解孩子。如同美國心理治療大師卡爾・羅傑斯（Carl Ransom Rogers）所說：「只要有足夠的愛灌溉，孩子總會向上向善發展。」

無論是孩子內心受傷，或是親子感情破損，都是好好理解彼此的機會，藉此讓關係長出新樣貌。

Q4

孩子向父母宣洩負能量，令人受傷

A

孩子回家亂發脾氣，可能是因為在父母面前不用偽裝

觀察一下你的孩子，是否在學校跟在家裡判若兩人？在學校溫和恭儉讓，禮數周到，不敢隨意對同學發脾氣，是人人稱讚的好孩子；回到家中，卻對家人超級不耐煩，會頂嘴，或是為了一點小事就爆炸。

如果你的孩子符合上述的狀況，我要跟你說恭喜！這代表孩子在家中很有安全感，可以展現自己最真實的一面。

現代有許多孩子跟朋友的相處，是充滿不安的。明明在學校是好朋友，回家突然發現被對方在臉書封鎖，或是發現對方開小群組說自己的壞話。

網路的發達，讓許多無法在現實生活中解決的不滿跟衝突，轉而在網路上發酵；檯面上看起來關係和平，但網路世界中，友誼的小船早翻了。

正因為如此，許多孩子最擔心的，就是得罪同學。小晴是位大學生，每次她拿寵物貓咪照片給朋友看，朋友都取笑小晴的貓好醜。小晴很介意，卻不知道怎麼跟朋友說。

美儒也是一位大學生，她的困擾是，室友跟她借昂貴的名牌墨鏡，她因為怕被弄壞而不想借，但又不敢拒絕，最後只好不甘不願的出借。當墨鏡還回來後，美儒發現上面有細微刮痕，想叫對方賠償，可是不敢說出口，只好自己默默吞下。下次室友又跟美儒借名牌包，美儒仍不敢拒絕。最後美儒只好搬出宿舍，跟室友漸行漸遠。

家明是位國中生，男性。特別強調性別，是因為在國中階段，男同學間常開性別的玩笑。例如家明只要跟男同學說心事，就會被說「很娘」、說談心是女生才會做的事，而被反問幹麼這麼憂鬱，用低級的玩笑帶過。

看了這些真實案例後，我們可以想像，愈社會化的孩子，愈會戴上面具，應付複雜的人際關係。有孩子告訴我，他在學校都戴著面具，這個面具是符合網路上人物設定的他，可是真實的自己，沒人知道。

國小、國中、高中生的人際圈常常不斷轉換，原因在於孩子對於如何處理人際衝突，常常不是這麼成熟，導致人際關係容易充滿誤會或輕易決裂，甚至常莫名捲入糾紛，被迫要選邊站。最常聽見孩子分享的狀況是，對方曾經是自己最好的朋友，因為一點意見不合，就變成煽動全班霸凌自己的人。而且現在的霸凌，更轉移到網路上繼續發酵，霸凌變得更隱微、也更無所不在。

許多孩子在學校跟同學相處，是無法放鬆做自己的——無時無刻繃緊神經，需要具備閱讀空氣的能力（意即隨時察言觀色，發現別人沒明說的感受想法）。甚至愈來愈多孩子，說自己有社交恐懼症，害怕與人相處；或是說每天去學校社交太耗費能量，需要每三天休息一天，才能修復自己、繼續跟同學相處。

看了上述這些例子，你說，孩子跟同儕相處，壓力大不大？於是，回到家，孩子一方面終於可以卸下面具；一方面，可以把在學校承受的所有負面能量，向父母一股腦宣洩出來。

當然，孩子隨意對家人宣洩情緒，不是一件正確的事情，但這至少代表，孩子在家人面前可以展現自己原始的狀態——當一個不成熟、退化幼稚的孩子。

我遇過許多孩子，連在家人面前，都要戴上面具。他們扮演父母期待、想要的樣子，可是內在卻跟父母有很深的隔閡。許多孩子告訴我，他們從沒感受過無條件的愛；他們很害怕，當自己不再當乖孩子、當父母發現自己的真面目，會對自己失望，甚至會遺棄自己。於是，因過度壓抑情緒造成的憂鬱朝孩子席捲而來，孩子在房間裡崩潰大哭，甚至傷害自己，但一出房門，卻假裝什麼事情也沒發生。

因此，面對孩子回家亂發脾氣、講話不禮貌，家長要做的第一件事是調整自己的心態，轉化視角——要知道孩子不是特別愛攻擊父母、不是特別討厭看不起父母，而是認為父母是最能承接自己的容器，與父母的關係也最有安全感。

家長如能先幫自己打好預防針，心裡比較不會有情緒，也比較能穩定的引導孩子。下一節我會以孩子常對父母說髒話為例，示範父母該如何引導孩子。

孩子不是特別愛攻擊或討厭父母，而是父母是最能承接自己的容器。

Q5

當孩子沒大沒小、髒話掛嘴邊

A

利用「範圍縮小」或「替代用詞」與孩子具體協議

我在校園進行親職講座演講時，很多家長的困擾是：孩子三字經不離口，該如何回應孩子？

首先，我們要先體認到，我們無法二十四小時監督孩子。說實話，孩子跟朋友相處時是否滿嘴髒話，家長是無法核對的。另外，或許說髒話，是青少年的次文化。試想，如果孩子的朋友講話時三字經不離口，而孩子講話卻文謅謅，會不會被認為是怪人、被嘲笑或被邊緣化？有些孩子講髒話是為了融入團體，講著講著就習慣用這樣的方式表達了，即便對象是家人，一時之間也改不回來；或者，孩子缺乏技巧，不知道該怎麼不帶髒字的講話。

我會建議，把「不准說髒話」的規定範圍縮小，改為要求孩子「不准在我面前說髒話」，這樣才是可以實際執行的要求。

然後跟孩子一起討論「替代用詞」。例如當孩子講到「幹」字時，家長可以對孩子表達，自己聽到這個字是不舒服的。接著詢問孩子，除了用「幹」來表達當下的感受，還可以用什麼字來表達？例如可以用「可惡」來替代「幹」嗎？

當孩子說不行，「可惡」的等級太低了，缺乏氣魄。家長再次提議，那用「shit」來替代「幹」可以嗎？孩子勉強接受，家長也覺得聽到「shit」比較沒那麼不舒服。

很棒！雙方達成協議了。往後若家長在跟孩子對話的過程中，孩子又不小心在家長面前說「幹」這個字，家長可以提醒孩子：「你要說的是shit，對嗎？」

然後邀請孩子用 shit 重述一次剛剛說的話。說不定，孩子會在不知不覺中把跟家長的對話模式帶到同儕間，讓同學們跟著用「shit」替代呢！

更重要的是，當孩子對其他長輩或學校師長說話的時候，比較不會不小心脫口而出「幹」字，無意間對師長也說了髒話。當孩子已經被家長訓練無數次要用「shit」替代「幹」，將大大減少說錯話的機率。

同樣的，若孩子對家長講話沒有分寸，家長千萬別跟孩子說：「對長輩說話要有禮貌，不可以沒大沒小。」「有禮貌」跟「沒大沒小」都是抽象的形容詞，怎樣算有禮貌、怎樣算尊重，每個人的定義不同；當定義模糊不清，就很難達成明確共識。

家長可以先思考，孩子具體說了哪些字，讓家長覺得是「沒大沒小」。一定要具體舉證，孩子才知道原來那些字會讓家長聽了不舒服，孩子也才不會覺得委屈。否則很多孩子就會反擊：「是你太敏感！我又沒說什麼，你說不過我，就說我沒大沒小！」這樣一來，重點又被轉移，變成是吵架了。

例如，當孩子對家長說「最好是啦」，家長覺得這句話沒大沒小，那可以用什麼詞替代呢？試著練習想想看，也問孩子想到什麼替代用詞。趁著還沒產生爭吵時，跟孩子一起做這個練習，累積共識；當真的發生小衝突時，雙方會比較有默契的一起尋找彼此可以接受的替代用詞。

當定義模糊，就很難達成明確共識。具體的約定，能讓孩子清楚明白父母的接受程度。

Q6

孩子害怕做決定、害怕犯錯

A

訓練孩子的自主性，從讓他「做決定」開始

小靜快大學畢業了，正在申請國外研究所。有天，小靜來到輔導室找我，要我幫她寫她的自傳資料。我告訴小靜，研究所自傳需要自己寫，輔導老師沒有辦法幫忙。小靜非常生氣，說高中輔導老師會幫忙處理推甄資料，為什麼大學老師不能幫忙？

接著，小靜繼續氣憤的跟我抱怨，她現在要申請的研究所科系，不是自己想要的，而是媽媽叫她申請的。

「當初我大學讀這個科系，也是我媽叫我選的。我媽說這個科系不錯，結果呢？讀了才發現根本沒有未來！所以我媽又叫我換科系去國外洗學歷。」

我問小靜，如果讓她自己選擇，她想選哪方面的科系呢？

小靜愣了一下，想了想，告訴我，她不知道自己喜歡什麼。我告訴小靜，大四這年需要修的課變少了，多餘的時間，可以善用學校資源去其他系所旁聽，找到自己的興趣所在啊！

沒想到小靜一秒回絕我。對小靜來說，一邊聽從一邊抱怨媽媽的安排，是最安全的選擇。如果她花了好多時間，不顧媽媽反對堅持讀別的科系，但讀不好怎麼辦？如果讀完卻發現出路不好怎麼辦？自己做選擇要承擔的風險太大了，不如聽從媽媽的安排，如果出錯，都是媽媽的錯，是媽媽要負責！而小靜可以一直站在責怪媽媽的受害者跟指責者位置，如果未來找不到好工作，還可以叫媽媽補貼費用，因為都是媽媽害的！

沒有自主性的孩子，常常很怕做錯選擇，很容易放棄，旁人看來會覺得孩子怎麼老是半途而廢、三心兩意。但這正是探索的意義啊！探索自己喜歡／不喜歡什麼的過程，或許很漫長，但至少可以釐清自己不喜歡／不適合什麼。

探索自己的歷程，是迷惘、未知、焦慮，且容易受人質疑的。當孩子放棄自主性、聽從大人安排的同時，其實他的心底有個聲音：「我好怕做錯決定，不但無法證明自己，還坐實了我有多糟糕。」於是，待在大人安排好的舒適圈，是最安全的選項。

有些孩子不只無法為自己的未來做決定，就連生活小事也需要別人幫忙決定。例如去餐廳吃飯，因為害怕踩雷而無法決定要點什麼餐點，就請對方點餐，但菜來了又說不好吃，怪罪對方不會點餐。又如買衣服，認為自己沒眼光，無法決定要買什麼款式，總要獲得別人的點頭贊同後，才敢買單；可是這樣的衣服，不見得適合自己，或是穿了並不舒適自在。

「我不相信我自己；別人是對的，我是錯的。犯錯好可怕。」這句話，迴盪在孩子心中。

孩子在探索自己、長出自主性的過程，就好像毛毛蟲破繭而出的歷程；它要自己奮力掙扎著從繭中出來，才能變成美麗的蝴蝶，展翅高飛。

如果我們因為擔心而把繭剪開一個小洞，毛毛蟲不但無法變成美麗的蝴蝶，還很快就會死亡了。探索自己的歷程，就是一個蛻變的過程。

當孩子活在父母準備好的安全的、舒適的圈圈中，孩子通常不會出太大的差錯。可是，這樣的孩子會不太知道生活的意義跟熱忱。生活看似安穩，也不會刻意想要做比較大的改變，畢竟已經習慣這樣的生活了。可是內在總是感到空虛——活在世上，好像無意識的在執行一件又一件的任務，而不是在體驗品嘗人生，找不到生命的意義。

在生活中多給孩子做決定的機會

當家長滿容易被冤枉的，有時候不是家長逼迫孩子聽從自己的安排。我遇過有些孩子會故意不做選擇，到了最後關頭，只好由爸媽幫孩子做決定——孩子害怕出錯，於是逼爸媽幫自己做選擇。「不做選擇也是一種選擇」，但是將選擇的權利交給他人，到頭來，受影響的還是孩子的人生，做任何選擇的結果，還是孩子自己領受。

根據本章一開始艾瑞克森的人格發展理論，幼兒期孩子喜歡動手自己嘗試，開始學習大小肌肉的控制，練習自己吃飯、如廁。此時，家長可以布置一個安全的環境，讓孩子能夠自己動手操作，例如幫忙洗菜、切菜、穿脫鞋子衣服等。當孩子沒有把事情做好，讓他承受自然後果，例如把水打翻了，給孩子抹布請他擦乾，而非大聲責罵、羞辱孩子，或是家長一邊叫孩子去罰站，一邊氣憤的幫孩子收拾。

當孩子再大一點，語言發展得更成熟、能夠稍微對話的時候，可以在生活中多給孩子做決定的機會。例如買晚餐的時候，問孩子想吃什麼；選擇衣服的時候，讓孩子自己決定穿什麼。如果天氣很冷，孩子卻選擇薄衣服，家長可以提醒孩子當下的氣溫，甚至帶孩子感受溫度；若孩子仍執意選擇薄衣服，就讓他穿吧！著涼不是造成感冒的直接原因，等孩子自己感受過，下次就會做出更適合自己需求的穿衣決定了。

管教孩子要抓大放小

但是，如果下次天冷的時候，孩子還是一樣要穿薄衣服怎麼辦？有可能孩子並不覺得冷啊！畢竟每個人體溫感知是很不一樣的。也可能是孩子喜歡冷冷的感覺啊！「冷一下不會怎麼樣。」我會在心裡深吸一口氣，這麼告訴自己。然後要自己「不要管、不要管」。因為我很清楚，孩子慢慢長大，需要自己選擇的自由，如果我們什麼都要管，孩子就會覺得煩，對我們說的話左耳進右耳出，我們的叨唸在他們耳裡自動變成背景音，或者對我們陽奉陰違。管教年長的孩子，需要抓大放小，掌握幾個一定要管的點或大方向就好，其他的就讓孩子自己決定吧！我何必當個戰戰兢兢的父母，心裡總是擔憂孩子？孩子反而覺得父母煩人。

有句話說：「全能的家長，養出無能的孩子。」如果家長的個性是比較強勢，在跟孩子互動的時候，更需要刻意提醒自己：「在面對無傷大雅的事情時，可以故意停頓、裝傻，問問孩子要怎麼決定。」透過這種方式，讓孩子產生「有能感」、「有權感」——其實，被大人信任的感覺，會讓孩子相當自豪呢！先被大人信任，孩子才會開始信任自己的能力跟決定。

管教年長的孩子，掌握幾個一定要管的大方向就好，戰戰兢兢的父母總是擔憂著孩子，孩子反而覺得父母煩人。

Q7

孩子表達太強烈或迂迴，不知道孩子到底要什麼

A

透過協商，鼓勵孩子正確表達意見

小樹遇見我的時候，是高三生。他除了有情緒議題之外，跟父母的對話，也是他的一大困擾。小樹在讀書方面是非常有資質的孩子，他就讀的學校，都是非常難進去的學校，但他國中成績總是全校前三名，就連到了高中，一樣維持在前三名。

小樹很會讀書，雖然可以走學術路線，但他很早就確定志向了——他更愛實

務跟自己動手操作。國三的時候，小樹想讀高職，希望早一點學習自己喜歡的程式設計。

而他是如何跟父母表達想讀高職的意願呢？他是這樣說的：「爸媽，我看新聞報導，有人讀高職讀得很好，參加國手比賽還得獎，好像不錯。」不意外的，小樹的父母完全沒理解到，孩子在暗示，自己不想讀高中、想讀高職。

在跟我諮商的時候，小樹說，他常鼓起勇氣提出自己的想法，可常常被忽視或被拒絕。問題是，小樹提出想法的方式，委婉到父母根本沒接收到啊！

小樹的例子是真實的例子。確實有很多孩子，會用較委婉、暗示的方式說出自己的需求，反而讓人搞不懂孩子到底想要表達什麼。

孩子進入國小高年級、國中、高中階段，當家長面臨跟孩子有關的重大決策時，可以反覆詢問孩子是怎麼想的。避免發生孩子覺得有表達了，但父母其實沒接收到的狀況。

有些孩子表達得太過委婉，但也有另一群孩子，表達得太過強烈。例如孩子想去學跳熱舞，卻跟父母說：「你只會花錢讓我補習，但我想學的熱舞都不讓我學，我根本只是你的工具；你付錢只是把我當投資，希望我未來要養你們而已！你這樣對我，我未來也不會讓你好過！」

無論是太過委婉的表達，或太過強烈的要求，其實都顯示孩子表達跟協商的技巧不成熟。當孩子跟父母提出要求的時候是很緊張、膽戰心驚的，深怕會被拒絕，有時候就會用太過激烈或太簡約的方式表達。

這時候，家長可以幫孩子「把話重說」，用較好的表達方式示範給孩子看，讓孩子模仿學習。但在示範重說之前要記得，永遠先連結孩子的情緒，或是他們的感受、需求，這樣較能降低孩子的防衛心，願意聽大人說。例如家長可以回應孩子：「我感受到你真的好想去上熱舞課，你是不是想告訴爸媽，你真的好愛跳熱舞，超級希望爸媽讓你去上課？」透過多次示範「把話重說」，孩子會慢慢學習到如何用適切的方法表達自己的需求。

到此，溝通還沒有結束！「把話重說」是在核對孩子的需求是什麼，核對完之後，要進入協商的階段。爸媽可以提出自己的顧慮或需求，例如對孩子說：「爸媽願意讓你上熱舞課，但希望你的課業不要受到影響。如果你退步五名，代表熱舞課花你太多時間了，那就需要先暫停，直到把落後的課業追回來，再繼續上課，可以嗎？」或者「爸媽理解你好想上熱舞課，但現實是爸媽真的沒這麼多錢。熱舞課一個月要多少錢？你打算上多久？我們一起檢視你的花費，看看哪些開支可以減少，將省下來的錢拿來支付熱舞課好嗎？」

在協商階段，情緒是很好的工具，例如用微慍的語氣說「你這樣做，我感到非常不舒服，我很不喜歡」，可以明確讓對方知道他的行為逾矩了，比很委婉的說一百次「這樣……不太好吧……」更能讓對方了解自己的界限在哪裡。我們常誤以為，要當個有理智的人，有情緒是不好的，易被攻擊情緒化。但事實上，適度的、有意識的展演情緒，抵過千言萬語。這部分在下一章會有更詳細的說明。

但如果只會使用情緒這一種工具，碰壁的機率會大增，也很容易變成情緒勒索。協商的第一個步驟，正是「清楚自己的需求是什麼」；學會用不冒犯人的方式提出需求後，孩子還得進一步學習如何跟人達成協議、取得共識。因此，協商第二步是換家長表達自己的顧慮跟需求；但要注意，此時家長的心態要是開放的、願意討論的，而不是武斷的、命令式的。接著，協商的第三步，是雙方蒐集更多資訊，了解具體狀況，例如上課花費、目前支出等，試圖從這些具體資訊中，討論出彼此都願意接受的第三種解答。

當面臨跟孩子有關的重大決策時，可以反覆詢問孩子的想法。避免發生孩子覺得有表達了，但父母其實沒接收到的狀況。

Q8

孩子有事卻不願意說出口

A

當孩子願意跟父母分享大事，就代表親子關係是良好的

我曾在一場講座中，遇到一個六十多歲的年邁爸爸，憂心忡忡的問我，他那三十多歲的兒子有很多話不願意跟自己說，該怎麼辦？

孩子逐漸長大，很多事情開始不想跟家長說，只想跟同儕分享，這是正常的，不代表孩子跟父母的關係不好。

當父母的總記得，明明才幾年前，孩子還纏著我們，滔滔不絕跟我們分享所

有瑣事——所有那些我們想知道的、不想知道的，孩子都會不斷講給我們聽。有天孩子突然長大了，內在想要有隱私空間，很多事情不再跟我們分享了。我們開始不知道孩子喜歡什麼？憂煩什麼？好友是誰？有沒有喜歡的人？

這是完全正常的。只是孩子長大的速度太快了，我們還沒意識到孩子已經長大，還沒準備好要放手。只要當孩子發生大事、心中有困擾時，願意跟父母分享，其實就代表孩子跟父母的關係是良好的！

孩子在發展自主性的時候，為了避免跟父母的價值觀過度混淆，有些孩子需要在心理上「離家」，跟家人拉出一段距離，才能區分出哪些是自己的想法、哪些是父母的想法，進而長出自己的想法。當孩子自己的想法足夠穩固時，才能再次在心理上「回家」，靠近父母，尊重父母跟自己的想法是不同的，沒有對錯。

「保有隱私」、「跟父母拉開距離」是孩子長出自主性的必經過程。

可是對家長來說，當感覺到孩子漸漸遠離自己，就會開始驚慌，試圖抓住孩子，期待親子關係回到幼年期的親密；於是開始偷看孩子的手機、偷偷進入孩子的房間翻閱信件，試圖找回與孩子的熟悉感。

但記得，每個人都需要界限，即便親密如爸媽，也是需要人我間的界限！有界限，孩子才能清楚分辨哪些是「別人的想法」、哪些是「自己的想法」，也才能產生自主性，慢慢長出自我。

在孩子發展自主性的過程中，尊重孩子的隱私。例如不擅闖孩子的房間，不翻看孩子的信件。

關於手機的使用，家長可以清楚的讓孩子知道，他還不夠大，爸媽必須為他的行為負責，所以爸媽會看他的手機訊息和瀏覽紀錄。千萬別假開明的告訴孩子會尊重他的隱私、不會偷看他的訊息，卻趁孩子不注意時偷偷登入孩子的社群帳號——這，就是侵犯界限的行為。

至於孩子可以擁有多少隱私或界限？因為每個家庭狀況不同、每個孩子個性也不同，沒有一定的答案。

家長可以先想清楚，哪些部分自己需要知道，哪些部分不知道也沒關係（或知道了其實也改變不了什麼），而後明確告訴孩子，哪些是他可以擁有的隱私，哪些是他不能擁有的。也可以詢問孩子，爸媽這樣的要求有沒有讓孩子覺得不舒服？他想為自己爭取的隱私是什麼？聽聽孩子的看法，試圖跟孩子協商、取得共識。

家長也可以反思，什麼原因讓自己擔心到需要去偷看孩子的手機、信件，或是要求孩子不可關／鎖房門。或許孩子沒有做什麼讓我們不放心的事，有時候只是我們感覺孩子變疏遠了，我們好想抓住孩子、想了解孩子、想找回對孩子的熟悉感，卻用了超級破壞關係的方式，試圖抓回關係。

即便是大人，也會有被孩子遺棄的恐懼。如果起因於此，這時候需要的，不是侵犯孩子界限，而是好好陪伴安撫自己的這個恐懼。

孩子跟照顧者的關係是非常深刻的關係，當孩子疏遠照顧者，照顧者失去這樣深刻的關係，會感到相當寂寞，好像又回到一個人的孤寂中。

這時，可以把重心放在發展新的社交圈上，無論是跟家人、伴侶或新朋友發展出深刻的連結感，讓自己感到有人陪伴、理解自己。當孩子離巢，我們仍可以安好、不孤單。

「跟爸媽拉開距離」，是孩子長出自主性的必經過程。

破解轉型的迷思 PART 2

幫孩子解決問題是大忌？

梳理常見溝通誤區，促進連結的對話祕方

Q9

孩子遇到問題，我該幫忙解決嗎？

A

孩子想要自己解決問題，只需要家長情緒上的同理和支持

孩子出現問題，是成長中的轉型危機，找歸因或找戰犯不是重點，如何陪伴孩子度過關卡，順利轉型，才是關鍵點。一直要幫孩子積極解決問題，例如叫孩子不要想這麼多；不要在意同儕；不要在意成績或幫孩子擬定讀書策略等，不但無法幫助孩子，反而讓親子間的隔閡更大。孩子有能力自己解決問題，他們要的是照顧者的同理跟支持。本章將示範如何透過溝通來真正理解孩子、促進親子關

係，同時培養孩子自己解決問題、為自己負責的能力。

在美國讀書的小齊，在高中畢業那年，回臺探親，並預計待在臺灣兩個月。小齊一回到臺灣就開始找短期打工。其實小齊家一點也不缺錢，但小齊是個閒不下來的人，他需要有生產力，才能感受到自己的價值。讀書的時候，他拚盡全力；只要一放假，他就會找打工機會，賺錢讓他覺得自己不是廢人、米蟲。

「過度努力」讓小齊耗盡能量，尤其，當努力過後但成績卻沒達到自己的預期時，小齊開始被憂鬱症侵蝕。不在病症期的時候，小齊跟正常人一樣；可是當憂鬱來襲，小齊會被捲入情緒漩渦中，覺得好疲累、體力也下降很多，同時不想跟人接觸，因為社交對憂鬱期的小齊來說太耗能量了。

這次回臺灣也是一樣，小齊同時找了兩、三份短期打工，都做得非常好，還有老闆詢問小齊要不要轉正職呢！可是，一個月過後的某天，憂鬱症又突然來襲了。小齊身心狀況都變得很差，實在無法負荷這麼多份打工，該怎麼辦呢？

在跟爸媽討論過後，小齊同意減少打工的量。可是小齊好煩惱，不知道該如何跟老闆開口？

經營一家公司、本身是大老闆的爸爸告訴小齊，任何事情都看合約說話，爸爸看過小齊的工作合約，他要減少工時，甚至辭職都是沒問題的。爸爸建議小齊拿合約去跟老闆談。

「那是爸爸的處理方式，才不是我的。」小齊偷偷翻了個白眼。小齊知道事情可以那樣處理，但那種處理問題的方式，不符合小齊的做事風格。小齊不想按照爸爸的建議處理，可是一時半刻，小齊自己也不知道該怎麼做。

如果你是小齊的爸媽，你會怎麼做呢？

A 提出更多建議讓小齊參考

B 代替小齊去跟老闆溝通

C 等待並觀察小齊的想法和做法

大部分家長會選擇A「提出更多建議讓小齊參考」。當孩子遇到困難，爸媽會跟著孩子一起煩惱、擔憂，也常會不解「為什麼不那樣做就可以解決了啊」。可是孩子就是有各種考量、堅持或卡關。於是，家長只好提出更多建議，希望孩子願意採納某個提議，至此孩子的煩惱解決了，爸媽也鬆了一口氣。

記得上一章提過的「自主性」嗎？家長處理問題的方式，會影響孩子發展自主性。當孩子遇到問題而陷入負面情緒，家長一下子就跳進來幫孩子解決問題，孩子就會無法信任自己具備解決問題的能力，反而在無形中學到「遇到問題，我只要有很大的情緒反應，身邊大人就會幫我解決問題了。」我們幫孩子快速處理問題的代價，是剝奪孩子學習的機會，也剝奪孩子長出自主性的機會。

孩子願意自己解決問題，只是處理的過程通常跟家長的預期不一樣。現實往往是，家長提出各種建議，被孩子一一否決，但孩子依然不斷跟家長抱怨他的煩惱。家長不解：「我都教你這麼多方法了，為什麼你不試著做做看？一直抱怨能解決什麼呢？」於是孩子逐漸變得不敢和家長說自己的煩惱。

孩子傾訴煩惱時，是在做放聲思考

當孩子向家長傾訴、抱怨的時候，家長不用太認真看待孩子的苦惱，太認真就會走心，公親變事主，反而引發親子衝突。家長可以把孩子在訴說的煩惱，想成孩子在「放聲思考」。

「放聲思考」（think aloud protocol）是心理學家發現，幼兒在遇到困難的問題時，會出現喃喃自語的狀態，把思考歷程「說」出來，幫助思考。長大後，我們仍會進行放聲思考，只是我們學會了不說出來，放在心中想。

但當遇到很複雜、困難、煩心的問題時，我們又會如同幼年時期般，把思考歷程「說」出來。事實上研究顯示，「出聲輔助」(subvocalize) 是一種策略，透過和自己交談或看似在和別人說、其實是在自言自語的歷程，幫助自己更有效解決問題。

所以孩子在跟家長傾訴煩惱的時候，不是要家長幫他解決問題，而是他在做放聲思考！孩子想要自己解決問題，孩子需要的是家長情緒上的同理跟支持。家長可以幫助孩子說出他隱而未言的心聲，讓孩子的情緒得以宣洩，孩子的大腦就可以冷靜下來，好好思考自己該怎麼處理事情。

講到這裡，再回頭看看上面三個選項，你有不一樣的想法了嗎？

孩子遇到問題時別急著出手相助！當孩子「需要的」父母，而非「有效的」父母

面對孩子，大人們常會覺得「我吃過的鹽比你吃過的飯多」，希望孩子別「明知山有虎，偏往虎山行」；聽從大人的建議，可以少吃虧受苦，顯然是更明智的選擇。

可是，要讓孩子能夠成長，我們不能總是走在孩子前面，我們只能像選項C

一般，觀察、陪伴並等待孩子。

想像一個畫面：一個魔法師走在一個孩子前面，保護孩子，擋下所有攻擊，去除所有阻礙。

想像另一個畫面：魔法師跟孩童並肩同行，甚至隔了一小段距離的走在孩童後面，讓孩子自己去戰鬥、去防禦、為自己去除阻礙；當孩子遇到無法解決的困難時，隨時可以轉頭找魔法師請求協助。可是，孩子仍得當那位站在最前方戰鬥的人；魔法師不會因為孩子求救，就跑到孩子前面，幫他消滅敵人。

在心理諮商中，很多案主會談論童年受傷的議題。有時候，諮商師會做為暫時性的替代父母，提供一段滋養性的關係，讓案主內在受傷小孩有機會被療癒、成長。心理師很容易遇到的一個問題是：個案跟心理師都清楚自己卡關的點，可奇怪的是，個案好像想待在問題中，不想用任何的行動來改變、來幫助自己。個案不斷抱怨，可是卻否決心理師提供的所有方法或建議。這時候，如果心理師強硬的要個案去執行心理師建議的方法再回來討論，個案下次來的時候，會找很多理由解釋為什麼他沒做，接著不久後，個案就會逃走不再來了。

這跟很多家長會遇到的問題一樣：孩子重複抱怨某件事情，家長跟孩子透過討論，都很清楚問題點在哪裡，可是孩子卻不想改變；家長給了很多建議，孩子卻有一堆理由不去做。例如孩子因為課業退步、成績下滑，因此開始不想去學校面對考試。家長說要幫孩子請家教、報名補習或教導孩子讀書方法，但孩子卻顯得興趣缺缺，拒絕所有方法，但又持續恐懼上學，因為很在意自己成績下滑。

為什麼會這樣呢？在意成績下滑就找方法幫自己讀好書不就好了？為什麼孩子一直說在意成績，但又不找任何方法幫自己成績進步？這可能是因為，孩子在過去曾嘗試很多方法要幫助自己，但都失敗了。孩子此刻在一個灰心喪志的狀態，沒力氣再嘗試了，目前只想暫時先癱在原地。也或許，孩子目前的現況，還沒痛到讓他覺得要努力花心力幫自己改變，例如不去學校，就不用面對小考，在家裡可以自由的做自己想做的事；段考時被逼著去學校考試，靠著過去讀書的基礎，成績也沒差到哪裡去。雖然成績無法頂尖讓孩子很痛苦，但要面對讀書更痛，逃避是個更好的選項。但當孩子好幾個月都不去學校，進度開始嚴重落後，原本前幾名的孩子人生第一次考倒數前三名，此時對孩子來說，這就是「夠痛」的時候。因此，雖然對讀書的恐懼讓孩子很痛苦，可是孩子開始願意鼓起勇氣努力面對，因為考倒數前三名，對這位孩子來說是自己不能接受的。此時家長再提議是否要請家教，孩子才會比較願意答應，因為他準備好要面對自己的問題了。

因此，家長如果想幫忙孩子，要學習看準出手的「時機」。當孩子夠痛了、準備好鼓起勇氣面對問題的時候，這時候家長的出手協助，對孩子來說才是幫助跟支持。但當孩子還沒準備好要面對問題、家長卻急著推孩子前進時，孩子會產生抗拒，覺得家長給自己很大的壓力，看到家長就想跑，反而不再願意跟家長談論自己的狀態了。家長此時也會很氣，明明提供孩子解決問題的辦法了，為什麼孩子什麼都不做，同時又在原地自怨自艾。

生命在某些時刻陷入泥濘中打轉、出不來，是這個生靈選擇待在泥濘中。無論你我或是孩子，都不是笨蛋，我們都會做出對自己當下來說，最好的決定，即便這個決定，看起來毫無道理、讓當事者受苦受難。

這時候，我們只能跟著孩子一起停下來，好好觀察、好好探問，試圖理解孩子的各種思考歷程，好奇孩子何以最後決定停留在泥濘中。透過這個好奇詢問孩子的歷程，孩子也能再次統整自己的想法，並更全面深層的理解自己，進而再次決定，要繼續留在泥濘中，還是想找方法幫自己走出泥濘了？

當孩子「需要的」父母，而不是「有效的」父母。「有效的」父母，是為了讓自我感覺良好，但這不是孩子需要的協助。比起解決問題，更難的，是和孩子一起待在問題中，陪伴孩子從各角度一起好好欣賞問題。孩子自己總會在某個時刻，「頓悟」出自己的解決之道。

這是孩子的人生，他得為自己的人生下決定。這就是為什麼會建議家長別給孩子一個快速解決問題的方法。家長能做的，就是陪伴孩子好好一起探索自己。我們最終目標，是希望孩子能自己長出力量、相信長大後的自己能面對生活各種挑戰，而不是永遠需要父母幫他做重大決定。

孩子在不知不覺中，逐漸長大了。他不再這麼幼小、脆弱，需要我們強大的保護。該是時候，讓孩子去經歷、去受傷、去浪費時間多繞路。

如果家長們對於放手讓孩子解決問題，會感到焦慮，可以找其他事情做，幫自己轉移注意力，例如去進修、考證照、參加社團、報名課程等。刻意轉移重心，讓自己忙碌，才不會過度把焦點放在孩子身上。我的個案告訴我，當她的孩子大了，她一直提醒自己，要從媽媽的身分慢慢轉移成室友的身分——室友會待在孩子身邊，聽聽苦惱，給予反饋，但尊重室友的選擇；反之，媽媽的身分，容易不小心越俎代庖。

孩子遇到問題，家長的角色是站在孩子的身後支持、提供後援，而不需要站在孩子面前幫忙消滅障礙。

Q10

不幫孩子解決問題，我可以怎麼做？

A

促進連結的對話祕方在於：收起評價、簡要表達、抓取注意力

有次，我幫我家兩歲孩子洗澡。我很著急，想快點幫他洗好澡，讓他來得及跟要出門的爸爸道別。孩子的爸在孩子出生以來，第一次要到國外出差十天，所以我想讓孩子跟爸爸抱抱、說再見，看著爸爸出門，讓他理解爸爸好幾天不會回家，避免因為找不到爸爸而有情緒的起伏。

可是，孩子那天超級不配合，一直玩，所以他在洗澡的時候，爸爸打開浴室

門，匆匆說再見，就趕著去機場了。

過了一陣子，孩子終於發現爸爸不見了，問我：「爸爸呢？」

我腦中第一個閃過的回覆是：「爸爸去搭飛機了。你看，叫你快點洗，你偏要玩，現在來不及跟爸爸道別了吧！」還好，在我說出口之前，就覺察自己不該這樣對孩子說話。我對於孩子沒跟爸爸道別，是覺得氣惱的；但我不該把這股氣轉移到孩子身上，更不希望孩子學習這種不好的說話方式。

最後，我說出口的是：「爸爸出門了，去搭飛機了，會有十天不在家。可是媽媽都在，會陪著你，一起等爸爸回來喔。」

指責的話語，比我們想像的更容易脫口而出；需要刻意的覺察，將更適合的說話方式傳承給下一代。若將對孩子的關心包裝在指責之下，對親子關係是很大的傷害，例如以下是我常聽到的例子。

孩子在幼兒園時期，在學校受傷了，回家告訴爸媽，爸媽回答：「你怎麼這麼不小心呢！」家長是心疼孩子的，但在年幼的孩子聽來，只感覺被責怪，會受傷都是因為自己的錯。

當孩子上小學，被霸凌，爸媽又說：「是不是你做了什麼討人厭的事？為什麼其他人沒被霸凌，就只有你被霸凌？你要不要檢討一下自己？」「你被霸凌你去告訴老師啊！告訴我有什麼用？」家長此時是擔憂孩子的，希望孩子改進自己，避免未來再度被霸凌；也希望孩子去跟老師反映，讓自己不要再被欺負。可是家長的回應卻在孩子心裡落下傷痕：「你們一點也不心疼我，千錯萬錯都是我的錯。」

等孩子上了國中，補習回到家已經很晚了，一回到家就趕緊溜回房間，盡量避免與家人碰面。孩子想出房門，但聽到門外有人經過，就會退縮，等家人遠離了才踏出去。那時的他，好想死。人際問題、課業問題，壓得孩子喘不過氣；好想要找個人傾訴、好想求助。可是，孩子學聰明了，他不再跟家長說。

因為孩子知道，說了也只是再次被指責：「為什麼你看事情都要這麼負面？想開點不就好了？開心點嘛！」

求助無門的孩子默默寫好遺書，來到住家大樓頂樓，打算一躍而下。還好，爸媽剛好回家，即時阻止憾事發生。

許多家長告訴我，孩子進入青春期後，幾乎不跟自己說話，自己完全不懂孩子在想什麼。無論爸媽問什麼，孩子都回答「不知道」；爸媽要是再多問一句，孩子就大吼，或用力甩門，把爸媽拒於門外。「反正說了你們也不懂」是青春期孩子最常掛在嘴邊的話。

如果我們希望孩子發生重大事情，願意告訴爸媽，當孩子還幼小時，就要與他建立足夠的信任關係，讓他清楚知道：「當我遇到重大挫折時，我是可以跟爸媽討論的。」

收起評價的話語，客觀描述事實，避免引戰

孩子大腦發育的歷程，是主導情緒的邊緣系統——杏仁核與海馬迴先發展成

熟；主導理智、情緒調節、衝動控制與計畫的大腦皮質則比較晚發展成熟。基本上，大腦皮質的區域，要到二十五歲才會完全發展成熟。這就是為什麼幼兒很容易情緒一來就推人咬人，因為他們理智腦才剛開始在發展，理智還來不及跟上，情緒腦就先快速做出反應，行動先於思考，推了人才想到「啊！我不可以推人」。需要經過多次練習，孩子才能慢慢學會克制推人的衝動，學習用其他方式表達生氣，這就是理智腦在慢慢發展的歷程。

等到孩子愈大，理智腦會發展得愈成熟——可是別忘了，理智腦要到二十五歲才會完全成熟，這就是為什麼當孩子在青春期時，仍很容易做出一些衝動行為。例如媽媽唸孩子不要滑手機，孩子反罵媽媽「走開！不要吵我！你……（以下省略八百字指責的話）」，然後事後才又懊悔為什麼無法跟媽媽好好說話，對媽媽這麼不耐煩。

因此，在孩子發展理智腦的歷程中，家長可以透過對話引導，讓孩子多練習啟動理智腦，而非用本能的情緒來做反應，幫助孩子從原始人進化成文明人。但在此要提醒家長，幫助孩子發展理性腦，不代表孩子不能有負面情緒。孩子可以有負面情緒，負面情緒也有它的功能，例如生氣，代表意識到對方的舉動侵犯到自己的界限，負面情緒能幫助我們覺察自我、保護自我。孩子可以有負面情緒，但孩子需要學習如何啟動理智腦，用適切的方式表達負面情緒，而非用情緒腦做反應，例如對方一讓自己生氣就打回去。

如果家長希望跟孩子對話時能避免爭吵，就需要學習透過對話來引發孩子的理智腦，而非透過對話激化孩子的情緒腦。一個輕易刺激孩子使用情緒腦的方式，就是「評價的言語」。例如：「我說過多少次了！為什麼把衣服放到洗衣籃裡這麼難？你是白痴嗎？」「跟長輩說話可以這樣沒大沒小嗎？」啪！孩子包準一秒理智斷線、爆氣給你看！

貶低傷人的話說出來很解氣，可是不但傷害彼此的關係，對事情進展也完全沒幫助。如果誠心想跟孩子溝通，盡量提醒自己：客觀陳述事實，避免在話語中加入自己的主觀解釋。即便心裡想說的是「你是白痴嗎？把衣服放到籃子裡有這麼難嗎」，但努力讓自己說出口的是「你的衣服在這裡（指出位置）」或「請你把衣服放進籃子」。同理，在「跟長輩說話可以這樣沒大沒小嗎」這句話裡，覺得孩子沒大沒小是主觀感受，因此是評論；可以把這句話改為「我看到你剛剛翻了一下白眼」，描述客觀具體的事實就好。

用「三句話」表達重點，避免長篇大論被孩子當成背景音

爸媽是普通人，不是聖人，如果真的忍不住想要訓斥孩子，切記在「三句話」內罵完。

三句話罵完的最大好處是，孩子可以明確知道家長想表達的重點。而且家長話愈少，愈有威嚴；罵太多，孩子會自動關閉耳朵，把家長的責罵當背景音。

更高招的是，用無聲的方式罵孩子。比如，孩子亂丟衣服，比起一直碎唸孩子，更有效的方法是說：「孩子，可以請你看我嗎？」然後手指衣服，沉默的看

著孩子，不需要一邊碎唸為什麼衣服不放籃子而是丟在地上。這樣做，孩子有更大機率把衣服撿起來放進籃子。

這裡有一個小技巧需要注意：在跟孩子溝通前，我會說：「孩子請你看我。」眼神所在，就是注意力之所在；如果孩子眼睛盯著手機或其他地方，你跟孩子說話，他大部分時候是沒有聽進去的。對話前，請先抓取孩子眼睛的注意力。

如果我們希望孩子發生重大事情，願意告訴爸媽，當孩子還幼小時，就要與他建立足夠的信任關係，讓他清楚知道：「當我遇到重大挫折時，我是可以跟爸媽討論的。」

Q11

當我在教養孩子時動了氣，該怎麼做？

A

區分自己是正在宣洩情緒，還是想要了解孩子

芳宜告訴我，小時候當她犯錯，媽媽每次罵她至少一小時起跳。到最後，芳宜根本不記得媽媽罵了什麼，只記得媽媽猙獰的面孔。如果芳宜哭了，媽媽會問芳宜：「是被罵覺得很委屈嗎？委屈什麼？說啊！」

「我才不會上當呢！」芳宜說。芳宜被騙過太多次了，只要她說了自己的委屈，媽媽就會視為詭辯跟頂嘴，再多罵一個小時！

「媽媽才不是在教導我，她只是對我做情緒宣洩。」芳宜一語道破。

是的！當我們意識到，自己無法克制的不斷責罵孩子時，我們在做的不是試圖引導孩子，也不是在溝通，我們是在宣洩不滿的情緒！這時候要做的，是踩煞車；先穩定自己的情緒，再回頭跟孩子對話。

穩定情緒有很多種方法。有些人喜歡喝冰涼的飲品來降火氣；有些人喜歡沖冷水澡；有些人需要去跑步；有些人會冥想；也有些人，會打電話跟其他人抱怨自己的小孩。

我得提醒，如果要打電話抱怨小孩，除非家裡的隔音很好，不然別在孩子面前打電話，孩子都聽得到。曾有個孩子跟我說，她聽到媽媽跟朋友說「我生了一個怪物」，內心非常受傷，才知道原來媽媽是這樣看待自己的。

在孩子聽不到或看不到的時候，利用錄音或書寫發洩怒氣

如果家長需要透過「說」來宣洩，可以打開手機，找孩子看起來最不乖的一張照片，按下錄音功能，對著手機罵孩子（前提一樣是孩子聽不到）。如果擔心孩子聽到，也可以用寫的方式進行。

罵完後，回頭看看自己到底說／寫了些什麼？探究自己到底在氣什麼？

孩子很常惹怒父母，為什麼有時候我們可以控制怒氣，但在某些情況，我們會真的氣到爆炸呢？每個家長的爆炸點不同，例如有些家長的爆炸點是孩子作弊、有些是說謊、有些是不寫作業、有些是跟長輩說話不禮貌……那些無法控制的爆炸點，若追本溯源，通常會跟自己的童年議題有關。

例如，在我成長的年代，除非不得已，否則向學校請假是不可能發生的事；就算病得再厲害，還是得去上學。可是現在的孩子，常常因為頭痛、牙齒痛、經痛，甚至前一晚睡不好，就說要請假不去上學。

在我的童年經歷中，從來沒有「可以不去上課」的選項，在未加思索的情況下，很容易移植這樣的信念到孩子身上，認為孩子不去上課是罪大惡極，完全沒有空間去思考讓孩子請假的可能性。

當我們動了氣，剛好是一個很好的機會，讓我們去反思自己。我常不斷提醒自己，孩子生長的年代跟我不一樣，在輕易評價、拒絕孩子之前，先留一點緩衝空間，聽聽孩子怎麼說，趁機多認識青少年世代的想法。

一有不舒服的情緒就要表達，不累積壓抑，造成情緒大爆炸

當人處在強烈情緒中，此時腦袋易當機，難以用言語來表達。例如我曾在十八歲生日那天，走在路上，一個不認識的中年男子騎車經過，對我吐口水，而且口水正中我的臉……我從來沒有這麼生氣過，可是我當下的反應是愣住，氣到頭腦打結，一個字都說不出來。過了一陣子，我才回神，才有辦法打電話跟人說我

剛才遇到的扯事。當我打電話的時候，我的憤怒已經下降到可以用理智控制的地步了。

「我真的對你好生氣！」當我們可以用「說」的來表達憤怒，通常氣不到哪裡去。人在真正生氣到極點時，大多是氣到無法用言語表達。有些人甚至慣性壓抑巨大的怒氣，反而向對方展現討好行為，而不知道原來自己已經這麼生氣。

許多人都害怕有情緒，所以一直壓抑情緒。可是當情緒不斷被壓抑，就容易因為一點小事泄洪。例如一肩扛起育兒責任的媽媽，要盯孩子功課、要聽孩子跟同學間的人際糾紛、要被老師找去聽孩子的不是，要擔心孩子的疾病、處理手足間的糾紛、接送孩子上下學、煮飯買菜，就連先生也要向太太訴說工作上的辛勞……媽媽努力育兒持家，總把自己放到最後，自己的情緒沒人管。

某天，孩子因為媽媽不讓他去同學家玩，對媽媽生氣，說出難聽的話。媽媽被壓抑的情緒頓時潰堤，媽媽把過去學習的教養方式拋諸腦後，用本能的戰逃反應，對孩子大吼大叫，說了許多刺傷孩子的話。

不只大人怕負面情緒，許多孩子也有這樣的困擾。孩子們跟我說，他們認為有負面情緒是一件不好的事情，尤其對同儕有負面情緒，會衍生出很多麻煩。一位情緒容易衝動的孩子，時常在班上稍微被取笑或挑釁，就跟同學吵起來、甚至打起來。孩子知道自己情緒控制不佳，所以很多時候，他會拚命忍耐壓抑，也確實成功度過許多次擦槍走火的情境。可是累積一段時間後，這孩子很容易理智斷線，因為一點小事，就跟同學大打出手。旁人都覺得困惑，這點小事有必要生氣成這樣嗎？孩子自己也覺得困惑，每次事後想起，也覺得這件事沒什麼大不了，為什麼自己的情緒老是失控呢？孩子開始認同自己情緒控管很有問題。

這件小事，只是壓倒駱駝的最後一根稻草。前面累積太多炸藥了，當然一不小心，就會引爆炸彈。這位孩子要學的，反而不是更多去控制自己情緒，而是開始覺察自己生氣的身體訊號，提早展演憤怒，用更適切的方式安頓情緒。

用誇飾法展演情緒，讓對方知道越界了

在心理學的觀點中，沒有所謂的正面或負面情緒；情緒本身是中立的，各有優缺點。例如憤怒，可以讓自己知道底線被侵犯了，感覺不舒服了。憤怒本身是沒有問題的，但如何表達憤怒才是關鍵所在。

因此我會建議大家，可以用誇飾法「演」出情緒。例如一到十分中，我的憤怒程度是四分，但我刻意展現有七分生氣的樣子。我們常認為在溝通中，要當個理智的人，有情緒是不好的，但事實上，情緒可以是很有利的溝通利器，例如受到不當對待的時候，很大聲的喊出「住手」，比講了一百句「嗯……我覺得這樣做好像不太好……」更能快速明確的讓對方知道他越界了。展演情緒，勝過千言萬語。但如果在溝通中，沒學會其他方式，只會使用情緒這一招，那問題就大了！當情緒這招沒用，也沒有其他溝通方法，就很容易用更激烈的情緒逼迫對方順從；這麼做不但無效，甚至容易激烈到自己都被情緒淹沒，失去理智，做出極

度傷害關係的行為。當我們用展演的方式訴說情緒，是我們的理智控制情緒，我們可以學習「有意識的」使用情緒。

例如，當我對我的孩子生氣時，如果只有一點生氣，我會刻意更強烈一點的展演我的生氣，對孩子說「媽媽現在好生氣，因為……」讓孩子可以清楚接收到我的感受。而不是讓孩子以為沒關係，繼續做使我不舒服的事情，導致我的底線一直被踩，最後一秒暴怒；此時孩子被我的憤怒嚇到大哭，他對媽媽只是感到害怕，他知道媽媽生氣，但其實不知道媽媽到底在氣什麼。另一方面，非常憤怒的成人，在盛怒時，腦筋也會一片空白，很難用孩子可以理解的語言，好好解釋為什麼大人會這麼生氣；更糟的是氣過頭，無法幫自己踩煞車，做出、說出傷害孩子的話語。切記，我們學過的那些溝通方法，是在理智大於情緒的時候，才能夠派上場使用。我們可以有情緒，但需要理智幫忙我們做出適切的表達。當一個人被情緒淹沒，很難真的好好傾聽跟表達。因此當我真的動怒時，我知道此刻我的情緒可能會讓我說出、做出會後悔的事，我反而會努力要自己閉嘴，離開現場，先讓自己冷靜。事後當我冷靜到可以好好跟孩子對話時，一定要回頭再跟孩子溝通，千萬別為了避雷，事後就不敢再回頭溝通，這樣問題永遠不會解決，也永遠不知道彼此的想法，衝突的問題點就會一再爆發。於是，衝突、和好、隱忍、再次爆發，不斷輪迴，最後，誰也不敢再碰這個問題，怕情緒一觸即發。但問題如果無法放到檯面上被談論，容易成為雙方關係中的未爆彈，無法真正親近、信任對方，雙方都會感到提心吊膽。

用誇飾法展演情緒，可以用在跟家長跟孩子間的溝通，也可以在闔上書後，與孩子分享，告訴孩子可以在同儕間的溝通使用這個方法。孩子特別不知道該如何處理與同儕間的歧異或衝突，常不斷壓抑累積情緒，例如內心受傷但裝沒事，要自己別玻璃心，但某天突然用破壞性很強的方式表達負面情緒，例如直接在社群媒體上發文罵對方，還公開讓所有的人都看到，讓自己陷入霸凌／被霸凌的風險中。

當只有一點在意、一點生氣、一點不舒服的時候，我們就要開口跟對方表達；一旦不舒服的情緒累積過多，憤怒又羞辱的感覺交加，很多話就會變得難以說出口，或說得不清不楚，無法達到溝通的目的。

怎麼辦？一個原則：小事就要處理，用誇飾法來展演情緒，別累積成大事，一次爆發。

當家長在管教孩子時動了氣，剛好是一個很好的機會去反思自己的情緒，以及調整和孩子相處的方式。

Q12

想跟孩子溝通，孩子總是回答「不知道」

A

區分孩子是怕被罵而不願意說？還是不知道自己在想什麼

當家長想跟孩子討論某件事，在表達家長自己的想法之前，先詢問孩子：「你怎麼想的？可以告訴我嗎？」知己知彼，百戰百勝，如果沒有先蒐集孩子的想法，又怎麼知道該從何處下手協商，達成共識？

最重要的是，如果家長先表達自己的想法，會有一個危機：孩子知道家長的意見跟自己截然不同，於是，無論家長怎麼問，孩子都會回答「不知道」。

通常，孩子回答「不知道」有兩種情境，第一種是孩子「不想說」，因為說了自己的想法，只是會被爸媽罵更久，何必說呢？況且，爸媽可能也沒有真的要理解自己的意思。

第二種狀況是孩子真的「不知道」自己的狀態，對自己內心所思所想也是一片混亂，或者有困難將抽象情緒用語言表達出來讓爸媽理解。

一個很簡單區分孩子是「不想說」還是「不知道自己在想什麼」的方法，就是觀察孩子的回應速度。如果家長一問，孩子一秒就回不知道，顯然孩子並未思考過，不管家長問什麼，孩子都沒有意願回答。但如果孩子稍微停頓一下，即便時間很短，但看得出來孩子是在思考的，那就有可能是他思考過後不知道如何表達，或覺得很混亂、不了解自己，所以最後得到的結論確實就是「不知道」自己在想什麼。

更多時候是兩者同時發生。孩子想了之後，可能發現自己的想法還很混亂，同時也不想告訴爸媽。因此家長要學會引導孩子，幫孩子釐清混亂，並讓孩子願意開口跟父母說。這是建立親子連結很重要的時刻。

隱性孤單不只是不敢讓他人看到真實的自己，也包含跟自己的關係感到疏離，連自己都不清楚真實的自己是什麼樣貌。孩子要能夠清楚自己的想法感受，也願意開口求助、找資源跟支持，才不會落入看似有家人朋友、內在卻是誰都不信任，遇到問題無依無靠，陷入隱性孤單中，造成另一層的痛苦。

調整家長說話與孩子說話的比例，多給孩子話語權

如果孩子是因為怕被罵而不願意說，首先，家長要調整自己的心態。反思過去跟孩子對話的比例，家長表達跟孩子表達的話語量，是否不成正比。

如果都是家長在說，孩子在聽，那我們就失去了解孩子的機會。當家長不斷的說，很多時候，是在處理自己的焦慮，而不是試圖理解孩子到底怎麼了。跟孩子對話的比例，家長說五成，孩子說五成，才叫做溝通；如果家長說九成，孩子

只說一成，就變成說教了。當然，不用很刻意遵守五比五的比例，六（家長）比四（孩子）也是可以的，甚至面對長期不願表達自己想法的孩子，對話比例調成一（家長）比九（孩子）也沒問題。孩子做為關係權勢中較弱勢的一方，通常我會願意多給孩子話語權，平衡家長與孩子本身權利不對等的狀態。唯有當孩子願意打開自己的內心世界，大人才有機會理解孩子的困境在哪裡。

第二種孩子回答「不知道」的狀態，是孩子真的不知道自己在想什麼。我們對3C產品和網路的依賴，造成孩子沒有機會真正了解自己、表達自己。當孩子幼年時在公眾場所大鬧、吃飯不專心、無聊時纏著爸媽、要爸媽陪玩時，身心俱疲的家長用3C產品代替自己教養孩子；當孩子一哭鬧，是數位保母——網路——安撫孩子的情緒。孩子因此瞬間轉移注意力，乖乖吃飯不挑食、不哭鬧，卻也習慣了，當自己有情緒的時候，用3C和網路轉移注意力，成為唯一調節情緒的方法。

另外，網路讓人際關係更形複雜，讓孩子習慣性壓抑自己的感受想法，例如，默默發現自己在網路上被好友封鎖，現實生活中在學校卻仍然在同一組做報告，彼此裝沒事。孩子缺少機會表露自己真實的情緒，久了，孩子真的會不太知道自己怎麼了；就算有話想說，也說不清楚。想了半天，說出口的卻是「沒事」，但其實事情已經很嚴重了。

在上述第一種狀況中，孩子因為怕被罵而不想說的情境，家長可以回應孩子：「我知道過去你說了常常被罵，所以不願意說，但爸媽最近學了一種新的溝通方式，知道我們應該要先聽你的想法。這次爸媽問你在想什麼，絕不是為了指責你，而是真的很想努力理解你。如果你願意的話，可以跟我們說嗎？」

上面那段話有兩個重點。第一，讓孩子知道，家長問話的目的是為了傾聽理解孩子，不是為了指責。第二，展現尊重孩子的態度，告訴他：「等你願意說的時候，再告訴我就好。」這句話其實是廢話，因為當孩子不願意說，家長也無法撬開孩子的嘴、叫他吐露心事啊！可是這句廢話卻是重要的話，它讓孩子感受到他是有選擇的，爸媽是很尊重他的，說或不說的掌控權在孩子手上。透過這句話，家長傳遞的更深層意思是：「你別急著拒絕我，你先停下來思考自己在想什麼；當你想過一遍了，就算不願意告訴我也沒關係，至少你知道自己在想什麼！」

我想傳遞給家長的觀念是：孩子如果願意說出想法，那是一件好事；但如果孩子思考過後還是不願意告訴我們，那也沒關係。至少孩子有想過了、知道自己發生什麼事了，這比孩子在一團混沌中，搞不清楚自己的情緒從何而來要好得多。最深層的了解，是自己對自己的理解，而不是他人對自己的理解。

家長適時保持沉默，給予孩子思考空間

當邀請孩子沉思自己的狀態後，請家長沉默，給孩子思考的空間。當然，孩子第一時間絕對不會真的認真思考，當孩子試圖轉移話題，或又反射性的回答「不知道」，家長只要再重申一次：「之前你沒想過，不知道很正常（幫孩子找理由、給他臺階下），我邀請你現在停下來想一想（給壓力，再次推進孩子思

考）。沒關係，等你想完，如果願意分享再跟我說就好（給孩子安全感，讓他掌控說與不說的權利）。」

當孩子進行思考的時候，請家長用溫和的眼神看著孩子的眼睛，不要一直看手機、發出焦躁的聲音、出聲干擾孩子、不斷問孩子想好了沒；也不要一邊做家事一邊等待孩子回應。請全神貫注的等待孩子思考，彷彿這是此刻唯一最重要的事情。

家長重視孩子，孩子才會認真的停下來，好好面對自己的想法和情緒。如果家長邊做其他事、邊等待孩子思考，家長的眼神飄走了，注意力也游移了，孩子會很容易逃離對話，隨便找個藉口離開——畢竟，要坦露自己的內在世界，是冒險的、是脆弱的，需要家長給予信任和安全感。

怎麼知道孩子還在思考還是想完了？家長可以從孩子的臉部表情，觀察到他正在思考，例如皺眉、眼神看向其他地方、眼珠轉動、低頭沉思等。有些不是很會表達的孩子，在想完後會開始發呆，然後跟家長說他還是不知道自己在想什麼；但其實家長可以很明顯看到，孩子剛剛是有在思考的。

這時候，家長可以告訴孩子：「你剛剛的思考歷程是什麼？你想到什麼就說出來，很瑣碎或跳來跳去的都沒關係，你可以一邊講一邊整理想法。」有些孩子習慣先說結論或重點，可是他的思考還太混亂或還沒想出結論是什麼，所以不知道如何完整、有條理的表達。「想到什麼就說什麼」這個小技巧，可以讓孩子比較沒有壓力負擔的說出自己的觀點。

回到前面，如果孩子是第二種狀況，也就是因為不清楚自己在想什麼，所以回答「不知道」，家長的回應跟上述一樣即可——邀請孩子停下來思考，過程中家長耐心等待並注視孩子的眼睛，邀請孩子想到什麼就分享什麼，不需要很有條理，沒重點或沒結論也沒關係。

家長的沉默可以創造一個空間，讓孩子有機會思索自己、表達自己。唯有孩子學會表達，才能主動解釋自己的狀態讓他人理解，畢竟除了孩子自己，沒有人會知道他的狀態。

我在親子諮商的歷程中，時常看到孩子斷斷續續說了幾個字後就說不下去，一副很苦惱、不知道該怎麼把想法化成語言的樣子。這時候家長就會著急的幫孩子把話說完，孩子也常點頭附和，表示他想表達的就是爸媽說的這樣沒錯！此刻，我會讚嘆親子間的默契，讚嘆家長簡直會讀孩子的心！

但同時，我「不鼓勵」家長幫孩子把話說出來。第一，家長表達的，不見得是孩子想說的，但當家長幫孩子把話說完，孩子或許會懶得說出自己真實的想法，認為「反正你們大人這樣想，我就配合演出也省事！」第二，當孩子無法好好表達自己的時候，此刻正是孩子的機會，練習如何把抽象的心情化成言語讓他人明白。如果每次孩子來不及完整的思考自己，家長就搶著替孩子表達，孩子會感覺：我不了解我自己；我爸媽比我更了解我；了解我是爸媽的責任，不是我的責任。

用孩子習慣的方式，重複述說孩子表達的重點

表達自己的想法，是孩子在成長過程中，需要慢慢訓練的能力。家長需要做的，是提供孩子練習的空間。

當孩子支支吾吾、努力表達自己在想什麼時，請家長努力勒住舌頭，別評論孩子的想法，也別急著表達自己的觀點！這時候把自己當做一隻鸚鵡，一邊聽一邊摘要孩子講了什麼重點，將聽到的複述一遍即可。

為什麼要複述呢？根據研究發現，在自己表達之前，先複述對方剛剛講的重點，則達成協議的時間可以減少一半！摘要重點可以幫助核對孩子表達的跟家長理解的意思是否一致。

我常聽到孩子告訴我，爸媽根本聽不懂他在說什麼，每次回應都牛頭不對馬嘴！但經過我細細問來，我發現家長其實聽得懂孩子在說什麼，只是他們很快跳到下一層次的思考，導致孩子覺得爸媽離題了，對爸媽都沒在聽感到很無奈。透

過摘要重點，孩子會清楚知道，爸媽有認真在聽，而且有聽懂。

摘要重點的第二個好處是，人常在一邊敘說的過程，一邊整理自己的思緒。一開始，孩子對自身的狀態，好像有一點頭緒，但還看不清全貌；就像身為故事中的主角，站在第一人稱的位置，不太知道故事的發展。可是透過家長重複敘述重點，孩子有機會被拉到第三人稱的觀察者位置，用更宏觀的角度看待同一件事；有時候視角轉變了，自然會產生不同的想法，豁然開朗。

上述的過程，就是「反映式溝通」。當孩子在對家長說話，家長只是做為一面鏡子映射孩子的狀態，實際上孩子聽到的都是自己的想法。這樣的對話方式，會讓孩子覺得超有效能，因為孩子終於釐清自己為什麼被困住、為什麼有情緒。

另外，摘要重點有一個小技巧，就是：用孩子習慣的表達方式，重複敘說。例如，孩子說他覺得很有罪疚感，當我複述時，我說「你很有罪惡感」，此時孩子對我翻了一個大白眼。因為在孩子的世界中，罪疚感不等於罪惡感；但在我的世界中，兩者是相同的。於是誤會就產生了，孩子再次覺得大人聽不懂他的話。

摘要重點對親子溝通很有幫助。孩子需要的是一個能夠同理的傾聽者，而不是一個問題解決者。

讓孩子「想到什麼就說什麼」這個小技巧，可以讓孩子比較沒有壓力負擔的說出自己的觀點。表達自己的想法，是孩子在成長過程中，需要慢慢訓練的能力。家長需要做的，是提供孩子練習的空間。

Q13

當孩子的學業表現脫離常軌

A

利用好奇且不帶評價的探問，找到孩子的困擾點

很多時候，我們很努力想幫助孩子，例如要孩子早睡才能早起不遲到；叮囑孩子要寫作業；孩子因為成績下滑、憂鬱沮喪而不願上學，我們努力向專家討教，想盡辦法引導孩子重回軌道……。

可是，我們為孩子做了那麼多，孩子卻不領情。孩子覺得家長給他好大的壓力，一看到家長就逃跑、臭臉，衝突一觸即發。我們想幫助孩子，卻成了壞人。

孩子明明卡住了，為什麼我們想幫助他、推他一把，卻推不動？最後我們終於理解了，也放棄了：「孩子自己不想幫助自己，我們提供再多方法都沒用。」眼看孩子在原地踏步，我們氣憤著、著急著、無奈著。親子關係變得好緊繃，任何跟課業成績有關的話題，都可以讓彼此的情緒一秒爆炸。

當我們因為擔憂孩子而自己陷入焦慮情緒中，我們很難真正看見、聽見孩子的困難點在哪裡。如果嘗試過各種解決方法都沒用，我們只能先把問題放一邊，試著用好奇的心態，探問孩子到底怎麼了。有時候，家長認為的問題點，跟孩子本身認為的問題點是不一樣的。

我們可以想像自己是記者，孩子是受訪者，對孩子提出各種問題。訪談的目的是為了了解孩子在想什麼、怎麼看待自己目前的處境、未來有什麼規劃。但切記，別在訪談的過程中，企圖用自己的價值觀對孩子說教。請保持無知與中庸的立場，探問孩子。

例如孩子上學老是遲到，家長可以好奇的詢問孩子：

媽媽：「你每天上學遲到沒關係嗎？不會被處罰嗎？」

（企圖了解遲到對孩子來說有什麼利弊得失。）

孩子：「沒關係啊。老師就叫我午休時間去罰站。反正我也不想睡覺，去罰站比較好玩，可以跟一起罰站的同學聊天。」

媽媽：「被罰站的都是同一群常常遲到的人嗎？還是每天罰站遇到的人都不一樣？」

（企圖了解是不是有固定遲到的戰友，若有，罰站對孩子來說是獲得聊天的機會。）

孩子：「對啊，常遲到的就我們這幾個人，每天罰站也混熟了啦！」

媽媽：「那你遲到，老師同學不會批評你嗎？」

（企圖了解遲到是否會造成別人負面觀感，孩子是否會在意。）

孩子：「老師就唸我一下，但不會事後特別針對我啦！同學完全不會說我的壞話，反正大家都遲到。」

媽媽：「哇！原來大家都很常遲到呀？」

（媽媽了解，原來遲到在這個班級並不會被當異端份子看待。）

孩子：「對啊，班上大部分的人都遲到過。」

媽媽：「那我很好奇，你每天怎麼決定幾點要上學的？」

（故意從反派角色的立場提問，不再一直要孩子準時上學。從反面立場問孩子「幹麼不遲到更久」、「直接不去上學就好了啊」，更可以精準問出孩子心中那把尺在哪裡——孩子看似放肆的行為背後，都有一把尺在衡量自己的行為。）

孩子：「我會看今天有什麼課。禮拜一早上有體育課，我不喜歡上體育課，所以會故意在體育課結束後再到學校。禮拜二、三早上有主科，我會在主科上課前到，不然進度一落後就要補進度、補作業很麻煩。禮拜四早上常常有考試，也不能遲到。禮拜五早上都廢課，什麼時候去都可以啦。」

有沒有發現，我們以為孩子很「無知」的老是遲到，不知道事情嚴重性，感覺好像長不大。可是當我們放下說教的父母角色，好奇探問孩子如何決定何時要遲到，會發現孩子其實很有自己的想法，非常清楚自己在做什麼！對孩子來說，家長焦慮孩子遲到會影響課業、會被罰、會被學校討厭針對……根本是不會發生的事，庸人自擾。也難怪孩子懶得理會家長的管教。

我再用「孩子不寫作業」為例子，示範如何使用「好奇」的態度，來探問孩子的想法：

媽媽：「媽媽很好奇，為什麼你不擔心作業沒寫會害自己無法畢業呢？就媽媽所知，太多作業沒寫，是會被當掉的；太多科目被當掉，會影響你能否畢業。」

（好奇為什麼孩子不擔心沒寫作業會影響畢業。）

孩子：「我們學校作業很多，每天寫到半夜都還寫不完。沒寫完又會有懲罰性抄寫，我覺得抄寫超級沒意義！我都要學測了，我有我的讀書節奏，一直寫那些作業，我根本沒時間讀書了！」

媽媽：「原來如此，但我看你不是所有作業都不寫耶，你有時候會寫作業。~~你看，你有寫作業很好啊！就不會被當了，你再多寫一點，少玩一點手機，不是很好嗎？~~那你都怎麼決定哪些作業要寫、哪些不寫呢？」（企圖了解孩子是否寫作業的決策邏輯。切記！不要把說教、個人價值觀挾帶在提問中！例如避免說出前句標註刪除線的話語。請單純維持好奇的態度，訪談孩子的決策思維就好！）

孩子：「我擅長的科目、可以很快寫好的，我就會寫。那些要花很多時間寫、但得分還是很低的，或者我已經會了，但要花很多時間寫的，我就不寫了。但我會計算這樣有沒有被當掉的危險。如果我不寫作業會被當掉，我還是會寫作業；我會注意被當的科目不要太多，避免無法畢業。」

放下心中的焦慮感，思考孩子遇到的困難

看到這裡，如果你是這位孩子的家長，還需要擔心孩子不寫作業無法畢業嗎？很多時候，家長的焦慮點，並不是孩子真正的困擾點。透過好奇的探問，可以表達「我很擔心你不寫作業會出事，為什麼你自己不會擔心呢？那你不擔心寫作業的問題，現在你的煩惱又是什麼呢？到底是什麼卡住你了，可以跟我說嗎？」家長唯有放下焦慮，心裡才能清出空間，仔細思考孩子遇到的困難。孩子產生問題行為，一定是遇到阻礙但不知道如何自己解決，於是用問題行為發出求救訊號。孩子需要大人的協助，只是很多時候，大人習慣在第一時間快速分析出孩子的問題點，可惜，對孩子來說，那往往不是真正的問題點。

來，我們再來一起練習一次：

孩子快考試了，但你看到孩子在家都無所事事不讀書，你要怎麼用好奇的態度詢問孩子呢？

（小提醒：很多孩子不是不讀書，只是不在家長面前讀書。對孩子來說，家是放鬆休息的地方，孩子會在學校、補習班讀書，可是在家孩子想休息。但對家長來說，從沒親眼看到孩子在讀書，尤其考試將近，就會對孩子不讀書的狀態很焦急，希望孩子至少配合演出，在自己面前裝出在讀書的樣子，讓自己不要焦慮。但如果用好奇的態度詢問孩子，其實就會了解，原來孩子在其他時候是很努力讀書的，家長可以不再焦慮、不再要求孩子要在家長面前裝樣子。）

再多練習一次，把好奇的態度內化吧！例如，如果孩子上網的時間太多，你要如何用好奇的態度探問孩子：怎麼看待自己上網的時間？為什麼不整天上網就好，還要做功課和去學校？學習充滿挫折，為什麼孩子不放棄自己？用反派角色詢問孩子，可以耍廢幹麼認真？孩子反而會頭頭是道的說出自己選擇認真上進的原因，藉此增強孩子的內在動機，讓孩子自己說服自己是最有用的。

支持孩子的喜好，為孩子撐出一個可以遮風避雨的心理空間

好奇的探問，並不總是有用的。如果你發現，你連跟孩子對話都有困難，一開口孩子就大吼大叫、要你滾出房間別囉嗦，那麼這時候需要的不是溝通、不是解決問題、不是幫助孩子，而是先修復親子關係。要對孩子發揮影響力，先成為對孩子來說能談心的對象吧！

孩子喜歡化妝？跟她一起看小紅書、研究怎麼化妝可以有美化的效果；孩子喜歡打電動？家長也試著打打看，會發現孩子居然打得這麼好（也可能是孩子發現爸媽竟然打得比自己好，開始崇拜爸媽）；孩子喜歡拍照修圖發到社群？帶孩子去網紅咖啡廳，拜託孩子幫你拍出腿長一百八十公分的照片，上網發文炫耀孩子幫你拍得像模特兒！

跟孩子一起做些開心的事吧！當孩子沉迷於某樣東西而影響正常生活時，通常代表目前生活對孩子來說壓力太大，逃離到其他事物中，可以麻痺、忘卻現實

中的煩惱。當孩子想逃離時，內在絕對是痛苦的；他知道自己這樣不對、是脫離常軌的，可是還沒有足夠的力量去面對現實。當孩子的內在無力脆弱時，請家長撐出一個空間，讓孩子躲避一下吧！至少孩子知道，當他對自己失去信心、覺得全世界都遺棄自己時，還有家人們陪在他身邊，不評價他。等哪天孩子累積足夠的力量，想重新嘗試面對現實時，也能找家人一起討論，不用獨自面對。

當孩子在學業上卡住了，家長可以變身為旁觀者，用好奇的態度詢問孩子的想法；會發現，孩子的心中自有一把衡量的尺。

Q14

孩子意識到自己需要改進，但不知道方法

A

反問孩子過去是如何幫助自己，培養孩子找資源、解決問題的能力

當透過前面好奇的探問，你跟孩子都同意，孩子的讀書技巧需要改進。這時，比起大人直接給建議，我更推薦試著把問題丟還給孩子，詢問孩子：「你同意需要學習更有效的讀書技巧，那你打算怎麼幫你自己呢？有什麼想法嗎？」

刻意詢問孩子打算怎麼幫助自己，是為了培養孩子解決問題的能力。不是遇到問題就僵住，等著大人協助解決；孩子得學習為自己找資源。

如果孩子回答「不知道」，很可能孩子已經習慣大人幫他找解方。這時候可以回到前面教過的技巧，告訴孩子：「或許你之前沒想過所以不知道，你再想想，可以如何幫自己調整讀書方法？」藉此再次推進孩子思考，別輕易因為孩子說不知道，就放棄相信孩子能夠幫助自己。

如果孩子想過之後，還是回答「不知道」，或許代表孩子此刻真的想不到幫助自己的辦法。這時可以詢問孩子：「你過去試過用什麼方法幫助自己呢？你不會考試考不好就放棄，你一定努力過，我們一起看看你試過哪些方法，或許這裡面有一些能夠派上用場，或有些方法只需要稍調整，不見得完全不適用。」

在心理學的治療概念中，我們會認為當事人身上已經具備足夠的資源跟能力。孩子不會遇到問題就直接躺死，他們一定曾試圖用某些方法幫助自己，因此從孩子「過去經驗」中挖掘，一定能找出某些適用的方法。例如孩子說，他曾想過去問班上成績好的同學是怎麼讀書的，但因為跟對方不熟而作罷。這時候，家長可以回應：「去問成績好的同學的讀書策略，是很好的主意呢！我們也模仿他走一樣的路，是一種幫助自己前進的方法！我看到你很努力幫自己想方法（鼓勵肯定孩子），只是當時不知道如何跟不熟的同學攀談，所以後來沒問。現在呢？你還想試試這個方法嗎？如果是，我們一起想想怎麼開口問同學好嗎？你有什麼想法呢？」再次把問題丟還給孩子，引導孩子思考如何開口詢問不熟的同學。

看到了嗎？當家長一直把問題丟還給孩子，看起來好像進展很慢，需要很多耐心，可是長期下來，孩子會習得這套方法，未來遇到問題，孩子會開始習慣性的反思自己擁有哪些資源，協助自己解決問題。

走在孩子後頭，讓孩子長出自己的能力，而非拉扯著孩子前進，使孩子喪失對自己的信心。

孩子開口求助，家長才給建議

當孩子提出一些如何跟同學開口詢問的方法後，家長也可以給孩子一些人際互動的小建議。但切記，等孩子主動開口求助時，家長再給建議。

給孩子建議需要時機，太早給，會讓孩子覺得自己的能力不被信任，孩子的防衛心會讓他覺得家長的建議沒有用，因而直接拒絕家長的建議。比較好的時機是，等孩子意識到自己的需求，主動詢問家長的意見，家長此時此刻再給建議，孩子也才會感激的收下。

在孩子尋找解決問題的方法時，家長需要先不斷反問孩子「打算怎麼幫自己」、「過去嘗試過什麼方法」，蒐集孩子的解方。

當孩子蒐集解方蒐集得差不多後，開始詢問家長的建議，家長再提出。切記！沒有誰的方法比較好。把孩子的跟家長的可能解方一條條寫下來，過程中不要有任何評價，也先別討論可行性或實用性。寫完後，再邀請孩子看看這些方法，詢問他覺得哪些方法不錯想試看看？打算如何重新組合這些方法？讓孩子擁有最後的決策權，選出最適用的方法——自己選的方法，孩子會更願意去嘗試。

保持隨時調整做法的彈性

當孩子開始想要嘗試新方法時，記得提醒孩子：「我們先用實驗的心態試試，三天（或一週）後，我們再來討論這個方法是否需要調整。」

孩子在嘗試新方法的過程中，很容易因為在一個小地方碰壁就卡住，覺得新方法沒用，因而陷入沮喪中。但很多時候不是新方法全然不適用，只是需要稍微調整，因此家長需要不斷跟進，陪孩子一起研究這個新方法可以再如何修正。

家長可以適時把問題丟還給孩子，請孩子從「過去經驗」中挖掘解決辦法，再陪著他們彈性調整修正。

Q15

我改變了溝通方式，孩子卻不領情

A

孩子藉由脫序的行為，來測試爸媽是否真的可以信任

家長學了這麼多新的溝通方法，一定迫不及待想嘗試看看。

「你怎麼想的呢？我真的很想知道。」

「我很好奇你做這個決定背後的思考邏輯，我想聽聽看。」

當家長這麼說，孩子第一個反應可能會是：爸媽一定是吃錯藥，或學了什麼奇怪的招式要對付自己！我才不會輕易上當呢！

面對爸媽的新的溝通方式，孩子會感到恐慌。他不知道爸媽是真的改變了，還是假開明，骨子裡其實根本沒變。

對孩子來說，維持舊有的互動模式，是最有安全感的；畢竟過去跟爸媽過招這麼多回合，孩子也知道如何對付爸媽。

可是當爸媽真的改變了，孩子會覺得錯愕及不知所措，然後用盡一切方法，逼爸媽回到舊有的溝通方式。雖然孩子不見得喜歡舊有的方式，但卻很知道如何應付。

又或者，孩子會變得更脫序，來測試爸媽是「真的」改變了，還是「假的」改變，避免自己再次上當受騙，好不容易以為真的可以信任爸媽了，但到頭來爸媽只是做表面功夫，孩子的心又再次受傷。

在一段關係中，上述的狀況是很常見的。

當一方在關係中感到有點安全感，反而開始放鬆放肆，說出一些推遠對方的話，但其實內在希望對方不要被推遠，而是可以擁抱安撫自己。

因此，孩子看似變得更失控了，實則在測試這段關係的安全係數有多高；直到知道自己足夠安全後，孩子才能放心袒露脆弱的內在自我，讓爸媽陪伴自己。

改變溝通方式後，多給孩子一點適應時間，重新建立孩子對家長的信任感和安全感。

Q16

付出這麼多，孩子卻說我過去對他不好、讓他受傷

A

孩子鼓起勇氣揭開傷疤，袒露脆弱的自己，是想要跟家長更親近

「我恨你！」恨是一個多麼強烈的字眼啊！我們含辛茹苦的把孩子養大，過程中數不盡的犧牲奉獻，總把自己放到最後；或許做不到一百分，至少也盡了當時能給出的最大心力，努力當個好家長。

可是在孩子眼中，我們變成傷害孩子的人，彷彿是個失職的家長。當從最愛的孩子口中，聽到孩子如此恨自己時，心，真的會碎滿地。

恨，是很強烈的情緒；有很深刻的關係，才會有這麼強烈的情緒。通常在恨的同時，也是深愛著的。「我恨你」的轉譯，是「我對你又愛又恨；我好愛你、好信任你，可是這樣的你，也同時在某些時刻傷害了我。我必須恨你，才能夠不再愛你，避免不斷的受傷。」

當孩子願意開口對爸媽說出，過去爸媽做了哪些行為讓自己很受傷時，孩子通常是很緊張也很害怕的。孩子鼓起勇氣訴說爸媽過去造成的傷害，從來就不是為了數落爸媽；孩子只有在想跟爸媽更親近時，才會鼓起勇氣揭開過去的傷疤。在孩子還小時，這個傷疤讓孩子不再全然信任爸媽，也懷疑爸媽對自己的愛；但當孩子漸漸長大，渴望更靠近爸媽的時候，才會訴說過去爸媽對自己造成的傷害，期待跨越埋藏在心底的那道坎，並重新修復跟爸媽的關係。

這時候的孩子，其實處於一個相當脆弱的狀態。攤開最赤裸的自己，請求爸媽的關愛。

因此，當孩子向爸媽訴說爸媽過去造成的傷痛時，是一件好事！這代表爸媽做對了一些事情，讓孩子對於彼此的關係更有信任感、安全感。同時也代表孩子的內在更加強大了，願意好好處理過去的創傷，讓自己有機會與人建立更穩固的連結。

此時，爸媽要小心，千萬別針對孩子提出受傷的「事實」進行辯論。例如不要回應孩子：「我罵你考試作弊，哪裡錯了？」「我叫你要告訴老師你被同學欺負了，跟我哭訴沒用，有什麼錯嗎？」重點不是事實的對錯，爸媽需要回應的，是孩子當時受傷的心情，以及企圖跟爸媽連結的渴望。

爸媽可以這樣問孩子：「我接到老師的電話說你在學校作弊，我就去學校跟著老師一起罵你，你當下有什麼感覺？」

「我覺得好難過。我確實作弊沒錯，但我當時作弊，是太害怕考不好爸爸會打我，會罵媽媽教不好，我怕爸媽你們吵架又吵到要離婚！」孩子說。

身為大人，我們需要不斷提醒自己，孩子的年紀跟我們不一樣，對事情的理解跟看待事情的角度，也真的跟我們不一樣。孩子當初的想法是否合理不是重點，重點是我們是否願意傾聽、接納孩子當時的想法，讓孩子感覺被理解。

有個孩子對媽媽說：「我覺得每次我做錯事，你都跟別人站在同一陣線怪我，都不挺我。」孩子有一種很深的不被信任感。其實，媽媽可以不同意孩子的行為，但可以多點傾聽，了解何以孩子決定在當下那麼做。這是一個理解孩子想法的好時機。不過，媽媽的心裡也覺得很委屈——難道單單因為這一件事沒有處理好，孩子就認為媽媽「每次」都不挺自己了嗎？

通常，當孩子對爸媽說出某事件讓自己很受傷的時候，已經不只這一事件讓他受傷，而是很多事件的累積，孩子自己也記不住；甚至很多時候是一個剎那的感受，短暫到無法用言語形容，只是這種感受不斷重複出現。而被孩子說出口的小事，只是某個他能夠表達、也能夠記得的「代表事件」。

例如，孩子感覺爸媽總是比較偏愛弟弟。又如，孩子感覺每次難過找爸媽訴苦，都被爸媽落井下石加嘲諷，或要孩子自己處理，不要只是哭哭啼啼，讓孩子覺得千錯萬錯都是自己的錯。更令孩子氣憤的是，爸媽總跟別人同一個鼻孔出氣，從來沒有站在自己這邊……。或許事實是，弟弟小時候因為心臟疾病需要經常進出醫院，爸媽實在沒有多餘心力照顧姊姊，只好把姊姊交給阿嬤照顧。爸媽也不是故意在孩子難過時嘲笑孩子，只是心疼孩子的遭遇，希望孩子可以做點什麼別再受罪；只是說出口的話，在孩子耳裡像是指責。而父母也不總是跟別人同個鼻孔出氣，更怕的是自己管教不周，老師對自己的孩子有偏見。

事實是什麼，可以跟孩子說，但說一次就好。切記，事實不是重點，重點是孩子的感受。

告訴孩子：「我當時那樣做讓你很難過是嗎？謝謝你告訴媽媽，媽媽抱抱你。」即便孩子現在的體型比你高大，當孩子在敘說過去爸媽造成的傷痛時，孩子的內在是處於幼小、脆弱的狀態。此時，爸媽只要像安撫一個跌倒受傷的幼兒般，安撫眼前這個大塊頭的孩子就足夠了。

身為爸媽，我們必須當那個相對比較成熟的人，吞下委屈，不需要證明自己的清白。或許孩子「腦袋裡」知道事實是什麼，但他的「心理上」仍感受不到愛；孩子要的，只是父母的疼惜、父母的愛，僅此而已。

即便成年如你我，心中也渴求我們年邁的父母，是無條件愛著自己的。尤其對幼小的孩子來說，需要大量依賴爸媽。

爸媽是孩子的天、孩子的地；爸媽的愛，提供孩子穩固成長的根基。與爸媽的連結，是孩子建立的第一個社會關係；與爸媽的依附關係，讓孩子可以從爸媽眼中，逐漸建構自己是個怎樣的人，發展出「與自己的關係」。

孩子說出被爸媽傷害的經驗，代表他想要確認自己是被愛的，也想修復與爸媽的關係。此時千萬別針對「事實」進行辯論，重要的是回應孩子當時的受傷。

面對轉型的挑戰①　PART 3

「我是誰」的迷惘

孩子透過成績、容貌和性別來建立自我認同感

Q17

孩子不想輸，希望永遠成績好

A

透過設定合宜目標，讓孩子適度努力，而不過度努力

我遇過許多學生，在國小的時候成績永遠名列前茅，可是上了國高中，成績開始位居中後段，甚至倒數。這些學生的家長，有一部分不是這麼在乎孩子的成績，覺得成績不好看沒關係；可是孩子自己過不去，因為過度在意成績，陷入憂鬱情緒，對於要去上學感到很痛苦。

其實，國小的課業，只要努力死背，成績不至於太差。可是到了國中、高

中，單靠死背硬記，很可能書永遠讀不完。不同階段，需要有不同的學習技巧。至於新的學習技巧該如何習得，可以參考陳志恆心理師的書《陪伴孩子高效學習》，或利用「模仿卓越」的方式——請孩子詢問讀得好的同學是如何做到，試著套用成功的讀書模板。

除了改變讀書方法外，有些孩子遇到的難關，在於內憂外患同時夾攻。這些孩子升上國二，遇到變難的數學，班級排名就開始往下降。這時候孩子心裡覺得不妙，但勉強還可以硬撐住，例如從前三名降到十幾名。

到了關鍵的國三，學校又要段考又要模擬考，新的進度追不上，舊進度來不及復習。孩子一看到自己某一次考試沒考好，就會擔心自己是不是沒救了、會不會考不上好高中。

於是有些孩子開始三天一小病、五天一大病，找盡各種理由不想去學校。或是翻開書本，一想到要去學校，就以淚洗面。學校有數不盡的考試，每次考試都是在跟自己和他人競爭，孩子害怕一再經歷自己不再優異的事實。

家長看到考試日期一天天逼近，孩子卻愈來愈常不去學校，家長的心也好慌。可是，家長愈是逼迫孩子，孩子的情緒反應就愈大，最後，孩子不得不以死相逼：「你再逼我去學校，我就死給你看。」然後開始割腕、撞牆、走到頂樓表示想輕生。

卡關最嚴重的是高中時期。孩子國三整年的進度沒跟上，對學習充滿恐懼，到了高中，身邊同學都相當優異，第一次段考就考倒數幾名；而且累積這麼多沒跟上的進度，實在不知從何補起。

更糟的是，有些孩子明明國英史地很強，不擅長數理，卻覺得理組未來的出路比較好，厲害的人都在理組，所以選擇讀理組。結局是每學期被當掉好多科，學習充滿挫折、自我喪失信心。這時，孩子不再堅持要考前幾名，只希望維持中上的名次，至少感覺自己還有平均之上。可惜事與願違，孩子考試的名次一次次退步，總是差一點就吊車尾，距離中上很遙遠。曾經讓孩子驕傲的學習，變成失敗與恐懼的來源；孩子一想到要上學，就好痛苦。眼看在這個學校要讀到畢業是有困難的了，但又不甘心轉學，彷彿轉到更差的學校等於承認自己失敗，最後只好自學，暫時不再參與社會競爭。

菁英最大的心魔是失敗

俗語說：「寧為雞首，不為牛後。」當一隻雞可以擠進牛群裡，甚至成為牛群之首，我們會覺得牠突破限制、激發潛能，是一種自我超越。

可是現實是，這隻雞身在牛群中，體認到自己是多麼糟糕，連要跟在牛尾後面，都好勉強。

輸是人生必然，接受輸，才會知道人無法獨立存活，需要社會性，進而發展團隊合作的關係。再優秀的人，都需要承認自己有不足之處，放過不夠完美的自己。

文音就是一個例子。總搶著當牛首的她，最後以自殺結束生命。

文音生在一個重男輕女的家族。不像哥哥什麼都不用做，就可以獲得大家的重視；文音總覺得要非常拚命，才可以證明自己的價值。國小時，文音的成績不算好，時常被同學霸凌，讓文音在人際關係上受很重的傷。她希望獲得他人的重視，可是心底深處卻很難相信別人。

國中時，文音突然開竅了，成績名列前茅。那是她人生最快樂的日子——參加很多學校活動，當了很多重要幹部；同學們崇拜她、喜愛她，老師也重視她，常以文音為榜樣，要大家多多學習。

後來，文音如願以償考上全臺最好的高中，那卻是夢魘的開始。上了高中，文音體認到什麼叫做「一山還有一山高」；無論她再怎麼努力，也無法考到前三名。在這所高中裡，沒有玩樂、沒有友誼，大家都在比成績、比努力。競爭的壓力讓文音不敢躺在床上好好睡覺，每天讀到直接睡在書桌前，清晨天未亮就出門去自習。

文音真的好努力，她的努力其實也有收穫。一直以來，她的成績不算太糟，在全國最好的高中裡維持校排十多名；這意味著她是全國前十幾趴的優異程度。可是，文音卻覺得自己糟透了。孩子的世界就是班級和學校，對文音來說，她只看到她輸了很多人。

大學時，文音又不意外的考到國外相當菁英的學校，攻讀醫學系。在那所大學，同學各個是神人，文音自卑到不敢跟那些學業表現突出的同學說話。

文音用她的生命在讀書，讀到都出現創傷了。一打開書，文音就覺得好有壓力、好害怕；可是，不讀書又讓她更焦慮，擔心書讀不完怎麼辦。

文音好痛苦，好想死。

文音說，她不是真的喜歡醫學系，選擇這個科系只是因為出路好。

我問文音，她痛苦到想要結束生命，為什麼不選擇另一個可以讓自己快樂、不需要好費力才可以獲得好成績的人生呢？甚至，文音可以放棄學歷去工作，不要再繼續讀書了。

理智上，文音知道繼續待在這所學校，她遲早會痛苦到結束自己的生命。但文音也很難選擇其他條更輕鬆的路。對文音來說，放棄就等於輸了；輸了，就代表自己沒有價值。何況她那些優異的同學們，有些可以順利畢業，有些要往上讀碩士，有些找到好工作了，自己要是放棄了，如何在同學面前抬得起頭？

文音喜歡學習，但討厭變態式的學習，也討厭學習變成競爭。可是從小接受菁英教育的文音習慣了競爭，以及用成績衡量個人價值。在得到好成績之前，文音什麼也不是；有了好成績後，文音才開始會被人看見和重視。不知從何時開始，成績變成文音自我認同的來源。她討厭競爭，卻不斷為自己創造極端競爭的環境，試圖在其中證明自己的價值。

文音總是會設定一個很難達到的目標，逼迫自己奇蹟式的達成，來證明自己的價值。例如進入頂尖學校、選擇超難科系，期待自己可以在其中獲得優異成績。優秀的人習慣把自己帶到更優秀的地方，可是他們忘了，沒有人可以永遠當贏家，總有慘輸的那一天；想被認同被肯定，卻永遠在證實自己有多挫敗糟糕。

其實失敗並不可怕，經歷過失敗的人，可以接受自己的不夠聰明、能力有限；可以慢慢放過自己。失敗，是成長必經之路。但沒失敗過的人，會把失敗想像得非常可怕，為了避免失敗，連命都豁出去了。

最後，身為資優生的文音，以跳樓結束生命、結束痛苦。

看到這裡，覺得悲傷遺憾嗎？這是一個虛構的故事，但這虛構的故事，是由好多真實的人生構成——結束生命的，是好多年輕的優秀學子。

一個真心相信自己有價值的人，不會去質疑自己是否有價值。一個打從心底認為自己沒價值的人，會需要靠許多社會條件來讓自己增值，例如好成績、好成就。可是這些外在條件，只是讓一個內在空洞的人鍍上金，他的內在仍是匱乏的。於是，當他無法獲得預期的好成績、好成就時，虛鍍的金立刻剝落，低落的自我價值感使他更要拚命證明自己。殊不知，靠外在條件證明自己，終究是一場空；沒人會是永遠的贏家。

過度追求成績的深層原因是自我形象低落

當孩子過度執著於成績，孩子深層的需求其實不是成績本身，而是成績帶來的附加價值——我是不是一個受人喜愛、被重視的人？

許多成績好的孩子，其實自我形象是相當低落的；他們需要從照顧者的眼中，看見自己的美好。如果照顧者總是習慣性的嫌棄、比較，例如「你看你表姊考第一名，你考第二名要再加油」、「你怎麼不像鄰居小孩這麼乖」、「他雖然成績沒你好，但他很願意努力。你只是靠小聰明才有好成績，這撐不了太久，你要腳踏實地的努力」，孩子就無法看見自己的價值。

有時候，家長甚至沒有自覺說出比較的話語，襯高別人家的孩子，貶低自己的孩子；家長以為是激勵，卻把孩子的自信都磨掉了。導致孩子覺得，不管自己怎麼努力，總是不夠好。

家長跟孩子對話時，可以刪除比較的話語，直接傳達目的和需求，例如「你怎麼不像鄰居小孩這麼乖」可以改成「我希望你乖一點。（直接傳達目的）」。但「乖」是抽象形容詞，小孩無法精準知道怎樣才算乖，所以更適當的說法是，具體說出「乖」的定義，例如「我希望你每天放學自己洗好便當盒、九點準時上床睡覺。」

目標設定過高，導致自我價值感低落

自我價值感低落的孩子，很多時候起因於目標設定過高。許多孩子對自己成績的目標設定是「前三名」或是「中上」，一旦沒有達到目標，就覺得自己很糟糕。當孩子被詢問為什麼設定這樣的目標，孩子會回答「不知道」，他們只知道以社會價值觀來說，前三、前十或中上，至少代表相對優異吧！

在後段班要求自己達到前三名，在資優班也要求自己得到前三名，這樣的目標設定是不切實際的。**孩子設定目標的基準，應該是「根據自己目前的能力，多**

設定一點點的挑戰（絕對不要太大點）」。設定目標就好像重訓的概念，每次多增加一點難度，慢慢把自己的能力訓練起來，但絕不是期待自己一次就舉起超乎能力的重量！

比較適當的做法是，當孩子進到國高中後，根據第一次段考的成績來設定目標。例如第一次段考考了第二十名，即便在國小都是前三名，但在設定下一次的目標時，應該是前進一小步就好（例如第十九名）。接著設定具體的讀書計畫，幫自己達成目標。例如想要往前前進一名，多對一題數學就可以達到；為了讓自己多對一題數學，每天多做一題數學題或許就是孩子應該給自己的任務。

目標設定夠小，孩子才能看見自己的進步。目標設定過大，孩子注定充滿挫敗感，想著「為什麼這麼努力了，我還失敗呢？」其實孩子一直有在往前進，但孩子看不到自己的進步，只看到自己的不足，喪失自信，失去學習的動力。

設定低標準，幫助孩子輕鬆過關，增加信心

有時候孩子會下定決心，「我今晚要好好讀書！」可是，想到要讀書一整晚，心裡就開始抗拒，接著就會想逃避，於是看了一整晚的電視劇，書一個字都沒念到。最後，罪惡感席捲而來，整個人被焦慮淹沒，一夜難眠。

如果孩子期待自己要讀書，卻又很抗拒，家長**可以協助孩子設定一個超低標準**。例如一整晚讀十分鐘就好。

讀十分鐘會不會太誇張？況且這十分鐘裡，孩子可能有五分鐘在發呆！但換個角度想，孩子讀十分鐘總比一分鐘都沒讀來得好，不是嗎？先求有再求好。萬事起頭難，要讓孩子輕易成功，他才有動力繼續挑戰。

「我今晚要讀十分鐘的書！」有個孩子成功的在睡前讀了十分鐘，總算覺得自己當天有做一點事情，至少不再被焦慮感淹沒，至少稍微好睡一點。睡飽精神好，隔天上課更可以專注。孩子還發現，「拖到睡前最後一刻再讀太痛苦了。我

要吃完晚餐就馬上讀完十分鐘，這樣整晚都可以放心玩。」

過了一陣子後，這個孩子主動說要把讀書目標調整為「每天讀二十分鐘！」看到了嗎？孩子正在幫自己慢慢進步。一個有心想幫助自己的孩子，會在自己狀態較好的時候，迫不及待增加挑戰，讓自己再度破關。

如果孩子滿足於十分鐘，覺得這樣輕鬆讀書很好，而且長期下來沒有顯示想增加挑戰的野心，那代表……有野心的是大人，不是孩子。或許，對家長來說是個好機會，用前一章教過的「好奇探問法」，了解孩子為什麼不在意成績？他對自己的期待是什麼？對未來有什麼規畫？他現在在意的又是什麼？

適度努力，但不過度努力；檢討改進，同時適時放過自己

許多人在睡前會在腦中覆盤，省思自己今天或過去的不足之處。反省，確實可以讓我們進步；但過度的反省，則會打擊自信。

有時候，我們習慣過度擔憂孩子：「看太久手機，你的眼睛會壞掉」、「小聰明會有用完的一天，別滿足於現狀，你要更努力」、「你應該可以回話回得更得體」……。我們因為擔憂，所以想努力教導孩子，可是這些教導在孩子耳裡，卻成了無止境的否定。

長大後，孩子心中內化了一個否定自己的聲音，那聲音無時無刻拿著放大鏡，檢視自己的過錯。

我告訴孩子，檢討是可以的，但檢討要想出具體的改進方案，才有實質幫助。例如當孩子說自己「我好爛」，但「爛」字太抽象，而且不知道怎樣才可以「不爛」，因此「我好爛」就是一個沒有建設性的檢討。當我繼續探問下去，原來孩子覺得自己爛是因為「老師今天問我問題，我不知道怎麼回答。」接著，孩子可以思考，「不知道怎麼回答」是因為緊張，還是因為對問題題型不熟。如果是緊張出錯，那就放過自己吧！如果是因為不熟題型，那就去理解這個題型，然後，**遺忘自己犯的錯吧！**

當孩子檢討過也提出具體改進方案了，就請他學會放過自己，原諒自己的錯誤吧！一直緊抓著錯誤不放，除了在內心鞭打、羞辱自己之外，其實不會帶來任何幫助，只會挫敗自我。

在孩子覆盤自己的過錯時，提醒他，要同時覆盤自己**做得不錯**的地方。孩子需要練習從自我的眼中，看見自己的好。

當孩子過度追求成績，代表他的自我價值感低落，需要用成績來證明自己。
家長需要協助孩子接受失敗，並看見做得不錯的部分。

Q18

孩子過度在意身材和容貌

A

跟孩子好好討論對自己身體的看法，找出滿意的部分，以及想改變的地方

自我認同正在發展中的青少年，需要從他人的眼中，建構完整的自己。而外貌，是第一眼會被人評價、建立觀感的要件。

「我會不會太胖」、「我的胸部好小」、「臉上有青春痘好醜」、「我的穿著打扮會不會被人笑」、「她是班上的女神好令人羨慕，我這醜小鴨會有被喜歡的一天嗎」、「我有魅力嗎」、「我好矮怎麼辦」、「我這怪裡怪氣的聲調會不會被說

是人妖」、「我太高好顯眼，但我不想被其他人注意，只好駝背，大家會不會覺得我是鐘樓怪人」……

青少年在意容貌不是問題。外表，也是自我認同發展的一部分——我的外表有哪些優勢？哪些缺點？會不會某些我認為的缺點，在別人眼裡竟然是我的魅力點？怎樣叫美？怎樣叫醜？我可以接納我自己的身材與樣貌嗎？孩子在形成自我概念的歷程中，自己的身體意象當然也是探索的其中一個重點，因此某段時期孩子對於外貌特別重視或敏感，是很正常的，這也代表孩子很在意別人眼中的自己是怎樣，顯示孩子在意自己跟這個社會的連結。

但如果「過度」在意容貌，那可能就有一些需要處理的議題了。例如我曾遇過一個孩子，因為對外表自卑，所以不敢出門上學；也常聽到有些孩子一遇到壓力，就用吃來宣洩，但爆吃一頓後，又擔心自己的身材而催吐，讓食道受傷，或是營養不足，引發疾病。有個國中生憂心忡忡的跟我說她當天吃太多了，一聽到她吃的食物，根本只是我某一餐的飯後甜點分量……我在心裡吶喊：你這樣就算吃太多，那我怎麼辦！

我當下在心裡吶喊完就算了，但試想，如果有某個少女聽到這句話，會不會也開始少吃？青少年對於容貌的在意，有時候與跟風打遊戲或講髒話一樣，一開始自己不見得會在意，但當大家都將關注焦點放在這裡，為了融入同儕，自然也會開始注意容貌。

比較需要注意的是，孩子是否會因為過度在意外表，影響與他人的互動。優美就是一個例子。

正值青春期的優美，張狂的情緒如同野獸，很難控制。她最常發脾氣的對象是她的媽媽。優美很注重穿著打扮，更要求自己的談吐要得體，她怕自己的行為舉止不夠高雅，會被人看不起。

優美不只對自己有要求，她連媽媽的穿著也管。當她跟媽媽一起出門，總是嫌棄媽媽穿得土氣、嫌媽媽說話大聲丟臉。優美會把媽媽罵得一文不值，甚至剪破她的衣服。青春期的優美，尚未建立獨立完整的自我分化，也就是孩子跟父母之間缺乏邊界感，有時候會分不清這是自己的想法還是父母的想法？反之，也會把對自己的要求，轉移到父母身上，例如要求自己打扮要時尚，也要求父母要打扮時尚，才不會讓自己丟臉，無法清楚意識到自己跟父母是不同個體。孩子要學習發展與父母間的界限，尊重他人不同需求。優美未能完全把自己與媽媽分隔開來；不僅在意他人怎麼看自己，更在意媽媽的表現，非常怕媽媽讓她丟臉。

深談後，我發現優美其實對自己的外表非常沒有自信。優美覺得自己長得醜、覺得路人都在打量自己的穿著打扮；如果穿得不夠時尚漂亮，就會成為路人的笑柄。

「在意外表」聽起來好像很膚淺，但其實在意外表跟在意成績一樣，都來自於自我形象低落，害怕不被喜愛、不被重視。此時，若家長企圖說服孩子「外表不重要，內涵比較重要」卻發現效果不大，或許可以轉個彎，跟孩子好好討論他對自己身體意象的看法，如何放大優點、減少缺點，讓孩子對於自己的身體意象有更多接納。

例如，美醜是很主觀的。孩子可能覺得自己的眼睛小，但鳳眼在外國人眼裡卻別具特色。可以跟孩子討論，他是如何建構出「眼睛小是不好看的」的想法？受到什麼社會價值觀的影響？孩子認同這個社會價值觀嗎？如何看待不同文化對美醜的不同定義？透過批判性思考，重新解構、再建構何謂美醜。同時，也讓孩子有機會透過這樣「解構—再建構」的歷程，重新決定自己要服膺於何種社會價值觀。

另外，也可以跟孩子探討，為何這麼在意外表？目前這樣的外表，有人有意見嗎？對自己的影響是什麼？例如，孩子想擁有世俗的美，是因為感覺班上長得好看的同學，比較受人歡迎？與孩子核對，孩子想要的是長相改變，還是想要受人歡迎？而受人歡迎有很多方法，不見得需要改變長相。

更可以具體的跟孩子討論，目前孩子不滿意自己外貌的哪些部分？哪些部分又是滿意的？可以改變的是什麼部分？無法改變的又是什麼部分？例如孩子很在意自己單眼皮，非常想割雙眼皮，那家長願意支持孩子嗎？家長可以接受的改變是到什麼程度？孩子想要的改變又到什麼程度？例如孩子想要削骨瘦臉，家長可以接受嗎？可以非常具體的跟孩子討論家長願意協助的部分，而非一味禁止。

身體意象代表自己的一部分，當一個孩子非常討厭自己的身體意象，他對於接納、喜愛自己，會是有困難的。重點在於幫助孩子能夠接納喜愛自己，更重要的是，去理解孩子因為自己的外貌，受過哪些傷，所以才得出不滿意自己目前樣貌的結論？這些受傷更是需要被家長看見的。當孩子的外表被當成同學訕笑的素材，那真的是很傷人的。孩子需要從家長眼裡，看到家長對孩子的心疼與不捨，幫孩子出一口氣，與孩子站同一陣線，罵罵那些訕笑孩子外貌的人，安慰我們那被攻擊到走心、得內傷的孩子。

「我想要特別，但是是『好』的那種特別，不是會被嘲笑鄙視的那種特別。我要美，我想獲得大家的肯定跟認同，但我又不想變成塑膠人、整形人，完全沒有自己的特色，我到底想要怎樣的美呢？」「我可以接受透過外力幫自己改變到什麼程度？雷射？矯正牙齒？割雙眼皮？削骨？我認識每種手術的風險嗎？我的理想容貌是怎樣呢？我對理想容貌的認定，會不會隨著年齡產生不同的想法？」

透過跟孩子討論，其實家長也同時在反思，自己對於美醜的價值觀是什麼？孩子的外貌，常遺傳自父母，那父母本身的經驗呢？有因為自己的身體特徵吃過苦頭嗎？自己也曾在意過孩子認為是缺點的身體特徵嗎？並且與孩子分享自己的經驗。（但小心別藉分享之名，行說教之實。）

外貌，是自我探索與自我認同的一部分。如果只是簡略的說教，企圖引導孩子不要重視外表、內涵才重要，那會錯失機會去了解孩子怎麼看待自己的身體意象。我們可以正視，這個社會確實是重視外表的，外表也確實可以為自己獲得一些好處；但透過上述的多面向批判性思考，幫孩子釐清，到底想要怎樣的外表？具體想改變哪些部分？覺得這樣的改變可以獲得什麼好處？要如何達到目的？如果孩子要割雙眼皮，要自己打工存錢，或是家長願意贊助孩子嗎？也可以讓孩子研究各種手術風險，了解孩子如何評估要接受何種手術？或是研究不同明星如何透過打扮，將劣勢外貌變成優勢特色？

「什麼是美」其實是一個不斷變動的概念，透過多面向與孩子討論，而非一味禁止，孩子有機會去釐清，自己對於美醜的價值觀來自於什麼社會文化渲染？孩子認為的美又是什麼？這樣的追求值得嗎？好處大於損失嗎？認同他人對自己外貌的評價嗎？自我對自己外貌的評價又是什麼呢？陪伴，而不評論，等待孩子沉澱，淬鍊出屬於自己的審美觀。

孩子藉著穿著打扮來探索自己、建立自我形象。過度在意外表的孩子其實是害怕自己不被喜愛、不被重視。

Q19

孩子喜歡的是同性，怎麼辦？

A

家長主動與孩子討論性向問題，用「好奇」的態度陪孩子探索

有些孩子在幼兒園時就意識到自己的同性性別傾向了；有些是在國小中高年級，有些則在國中。在現今社會，同性戀已經不稀奇，但同性戀仍是社會中的相對少數。根據統計，一個班級裡面，至少會有一到兩位同性戀，聽起來不算少，可是，一、兩位在整個異性戀的班級中，就是相對少數，就是相對歧異。

在國小、國中的世界裡，歧異就會被關注。關注可能是正面的，也可能是負

面、霸凌式的關注——被笑娘、被笑男人婆，跟同性說話就被亂傳喜歡的謠言是常有的事。

就算班上同學對自己很友善，身為同性戀還是有很多不為人知的煩惱。小傑從國小就知道自己喜歡的是同性。小傑很幸運，同學老師接納他是同性戀的事實，也對他很友善；更幸運的是，他的爸媽也相當接納他的性傾向。（這真的很難得，我看過好多人因為喜歡同性而跟父母決裂。）

可是小傑還是覺得超級孤單。男同學愛打球，小傑勉強過自己，但他真的不愛打球，很難加入男生的群體。小傑比較喜歡跟女生聊天、當閨密。不過，雖然他在班上有些女生朋友，但她們總有其他「最好」的閨密。小傑永遠不是任何人心目中「最好」的朋友。當女生好友生日，許多女同學被邀請去參加生日派對，身為好友的小傑卻沒被邀請，原因是小傑生理上是男生，女生朋友怕爸媽誤會小傑是她男友，所以不敢邀請小傑。諸如此類的事情時常發生。小傑發現，無論跟女生再要好，某些女生談論的話題和某些聚會，他就是會被排除在外。

文豪則是另一個例子。文豪是生理男，但心裡認為自己是女生。他最大的愛好是變裝，國中開始就會上網買 cosplay（角色扮演）的女生制服，假日時在房間裡偷穿。一開始，媽媽以為文豪只是喜歡 cosplay，完全沒懷疑過文豪的衣櫃裡為什麼有女裝。

後來，文豪開始留長髮、背粉紅色包包外出，甚至常穿粉紅色的衣服。媽媽開始懷疑文豪的性向，就連爸爸也注意到了。某天，爸爸把文豪叫去訓話，他告訴文豪，身為長孫、長子的文豪有傳宗接代的責任，暗示文豪需要結婚生子。同時爸爸也告訴文豪，他那不三不四的穿著打扮常常引來鄰居側目，讓爸爸感覺很丟臉。爸爸要求文豪把頭髮剪短、不准再背像女生的粉紅色背包，要變裝躲在家裡變就好；在外面，要表現得有男子氣概的樣子。

在諮商過後，爸爸理解到，同性戀並不是一種疾病；性向是先天加上後天影響而成，是很難改變的。於是爸爸放棄要改變文豪的性向的意圖。但同時，爸爸還不知該怎麼承接親族的指責、鄰居的指指點點。爸爸知道他不得不接受文豪的性向，他也不希望因為性向問題斷絕父子關係。但文豪爸爸的內在很是掙扎矛盾，有時候他會問文豪是否要變性，他可以幫忙支付手術的錢；有時又會用羞辱否定的態度責怪文豪的變裝與女性特質。

從上述兩個案例中可以看到，同性戀傾向的孩子，在人際與家庭上會面臨某些獨特的處境與煩惱。當不被理解與接納，內在是非常孤單的。加上青春期的孩子特別需要從他人眼中建構自我概念、特別在意自己是否受人喜愛，若這個關卡處理不好，孩子的內在可能會變得更加封閉。

家長可以多主動與孩子討論性向問題，用「好奇」的態度，陪伴孩子一起探索性向。在過程中當一隻鸚鵡，傾聽、支持、回應孩子的情緒層面，但不需要刻意「導正」孩子或特別對孩子說教。在孩子孤單無助的時刻，最需要感受到家人的愛——至少，孩子會知道，他有個家可以依傍。

當孩子在青春期階段，能夠在他人面前展現真實脆弱的自己、能夠信任他人、能夠認知到有些人不喜歡自己，但也有人接納肯定欣賞自己。這些從他人眼中鏡映出來的正向眼光，能讓青春期的孩子建構正面的自我形象，同時也為成年期做準備。一個能夠信賴他人、發展友誼關係的孩子，更有機會順利度過前述的成年早期的發展議題——與他人發展親密關係，而非被孤獨籠罩。

不需要刻意「導正」孩子或對孩子說教。在孩子孤單無助的時刻，最需要感受到家人的愛。

Q20

當孩子被猥褻或性騷擾

A

請向學校性評委員會提出申訴，並讓孩子知道：無論發生什麼事情都會陪孩子一起面對

霏霏是國二生，某天，她被男同學帶到偏僻的廁所，試圖性侵她。還好最後霏霏順利掙脫，沒被性侵。但這件事卻造成霏霏的創傷，她開始晚上睡到一半會嚇醒；不敢一個人走在黑暗的道路上；去上廁所會緊張害怕，深怕有人突然闖入侵犯；在外面盡量憋尿，甚至得了膀胱炎。當初試圖侵犯霏霏的男同學還錄下猥褻的過程，威脅霏霏如果把這件事跟大人說，他就要把猥褻霏霏的影片上傳到網

路，讓所有人都看到！霏霏很害怕，不敢跟爸媽老師說。直到爸媽覺察到霏霏的異狀，把霏霏帶來諮商，才知道原來霏霏在學校的遭遇。家長們可以告訴孩子，當遇到有人偷拍或猥褻，切記第一時間要報警！如果對方錄影，只有警察有公權力查閱對方的手機或電腦，確保影片被澈底刪除。我在處理許多偷拍案件中，最常見的是偷拍者被發現檢舉後，躲在廁所把偷拍影片刪除了，才出來面對警察，宣稱自己沒偷拍、一切只是誤會。檢舉者苦無證據，最後只好不了了之。因此，影片反而成為證據，證實對方的罪行！

同時，家長也需要教導孩子正確觀念。這位男同學敢侵犯霏霏，甚至錄下犯案過程，是因為他從新聞看到藝人被偷拍的不雅影片在網路上流傳，遭受傷害；他因此認為，女生通常會害怕被偷拍後放上網路，他可以以此威脅對方。

接著，男同學又從新聞學到，原來有些犯罪的人會因為精神異常而被減輕量刑。於是男同學宣稱：他有過動，是精神異常，不能給他處罰。（註：這完全是錯誤的，過動並不影響他的判斷能力，不能因此減輕量刑。）無論偷拍者或散播不雅影片者，都是觸法的。

後來霏霏的學校知道猥褻事件，詢問霏霏是否要申請性平調查，霏霏跟爸媽不知道性平調查是什麼，以為向學校提出申請，如同向警局報案，擔心男同學終生留下汙點。因此拒絕性平申請，想私下處理。沒想到學校從此沒有後續動作，家長跟霏霏因此認為學校息事寧人，覺得受到二次傷害。當加害者若無其事的每天正常上學、笑得很開心，霏霏的人生卻從此不同，上學成了她最害怕的事情。

如果孩子發生性平事件，一定要向學校性評委員會提出申訴，學校才會進行事實經過的調查。調查出來後，才會有後續的處罰，或找雙方家長進行調解。若一開始就不提出申訴，除非情節重大，否則校方就不會進行後續事實的調查。

另外，別以為只有女生會被性騷擾。我曾遇過一個案例，一位小五的男生被同班男同學用手指插入侵犯。孩子當時不敢告訴父母，直到多年後在諮商過程中，這件事才由當事人自己揭發出來。

當被害者被侵犯，許多被害者會害怕遭受他人的指責：「你怎麼沒保護好自己？」「你怎麼這麼傻，跟他走去偏僻的廁所？你不覺得很奇怪嗎？」「你就是愛打扮才會引人遐想……」受害者本身就很容易過度自我檢討、怪罪自己讓傷害發生，而這些指責的話語，如同在受害者身上灑劇毒，造成當事人心裡灼傷。

身為家長，我們只能盡量教導孩子，如何避免發生傷害、如何保護自己、如何不要做出傷害他人的事情。同時，家長的態度拿捏也很重要，不能讓孩子覺得發生這種事會被爸媽責怪而不敢說出口。唯一讓孩子在發生大事時願意告訴家長的方法，是平時就讓孩子知道，無論發生什麼事情、犯什麼錯，家長都會陪孩子一起面對，而不會落井下石的指責、嘲諷。當孩子願意開口和家長討論發生的狀況，家長才能即時協助、陪伴孩子。

孩子很容易因為怕被家長責怪而不敢開口求助。家長需要採取接納的態度，避免造成孩子二度傷害。

面對轉型的挑戰② PART 4

孩子都不跟我說他怎麼了？

了解孩子承受的同儕壓力、網路霸凌與隱性孤立

Q21

青春期的孩子，為何這麼難聊？

A

孩子很樂意聽爸媽說自己的故事，但避免試圖把自己的價值觀和想法灌輸到孩子身上，變成說教

跟青春期的孩子聊天，應該是最難的一件事吧！家長只是想多了解孩子，孩子卻升起防衛心，不想透露隱私給父母，深怕說了就會被管被唸，就連自己在玩哪一款遊戲，都不想讓父母知道，省得麻煩。

時間一久，父母也不知道要跟孩子聊什麼。不開啟話題，跟孩子就像兩條平行線；想靠近，只好硬找話題，不外乎「考試成績課業」、「學校」、「老師同

學」、「網路」、「手機電腦遊戲」……。這些話題都好嚴肅，一見到孩子就問這些，孩子更是避之唯恐不及。

其實，我諮商過許多孩子，從國小到國高中、大學，甚至出社會，都很想跟爸媽連結、很樂意跟爸媽聊天——只要不是探問孩子的隱私、說教或管教。

孩子想跟爸媽聊天，但孩子不知道要跟爸媽聊什麼才安全。親子彼此都不知道要聊什麼、要如何連結彼此，怎麼辦呢？

來，聊天祕方在這裡。

所有的孩子都很樂意聽爸媽說自己的生活。例如：爸媽今天是如何度過的、心情如何、做了哪些事情等等。我們希望孩子跟我們分享什麼，就可以先跟孩子分享自己那部分生活。例如，跟同事和主管相處、遇到哪些挑戰或擔憂，順利的和不順利的事情，都可以跟孩子說。

我們都希望孩子跟我們無話不談，不要有祕密，但身為大人，卻有很多祕密跟隱私，造成跟孩子的隔閡，殊不知孩子是很想多認識我們的。我們可以把孩子當朋友，跟他們聊天，久了，孩子也會自然的開始分享自己的生活。要注意的是，有些孩子不喜歡一直聽抱怨或批評。同時，不需要透過自己的故事，試圖把自己的價值觀和想法灌輸到孩子身上，這又變成說教了。

父母聊自己的生活，對孩子來說是最安全的話題。

我兒子剛滿兩歲、較可以開始對話後，我會問他當天在托嬰中心過得怎麼樣，做了什麼事。有時候他不理我，有時候他回答了一些，但我聽不太懂。後來，我除了問他當天過得如何，我也會分享我做了些什麼——敘說從早上送他出門、跟他說再見後開始，我做了哪些事情。我發現他竟然非常專注的聽我說！

從我的描述中，他知道爸媽的職業、工作內容，還學到一些平常很少聽到的用詞，以及一些繪本沒有教到的知識——這些學習是附加的，不是重點，重點是當我分享我的生活時，我感受到與孩子之間的緊密連結。

試試吧！在孩子不忙的時候告訴孩子，自己好想跟孩子聊天、分享所見所聞，詢問孩子願意聽嗎？給爸媽十分鐘，爸媽不問孩子的事情，只是單純說說爸媽當天的生活，好嗎？

維持每天十分鐘有品質的相處，在孩子認識爸媽的同時，爸媽也正在認識、靠近孩子。而或許我們會發現，孩子比我們想的更成熟理智，原來我們對孩子很多的擔憂跟說教，其實都是不必要的。在生活中偶爾轉換角色，放下當爸媽的重擔，不再領導孩子，而是單純的與孩子並肩而坐。爸媽與孩子，都可以獲得一點喘息的空間。

除了學習如何跟孩子聊天外，以下我將分享許多孩子們告訴我的煩惱，幫助家長進一步理解孩子的困境，以及當孩子談起這些話題時可以如何應對。

給自己和孩子每天十分鐘有品質的聊天，不說教，單純分享生活與心情，是認識、靠近孩子的不二法門。

Q22

孩子說自己沒有「最要好」的朋友

A

在孩子面對深沉的孤單時，讓孩子「感受到」家長無條件的愛

十四歲的小逸，在家中排行老二，上有哥哥，下有妹妹。哥哥身為長子與長孫，又是家族中第一個孩子，受到大家注目；而妹妹年紀小，是家族中最小的孩子，備受寵愛。

反觀小逸呢？明明同是一家人，自己卻像被領養來的，哥哥妹妹可以使性子任性，在大家眼裡盡是可愛；自己偶爾有小脾氣，就被說脾氣暴躁討人厭；如果

難過哭泣就更慘，被親族譏笑是愛哭鬼。

在家中像空氣的小逸，在班上人緣不錯，可以遊走在各小群體中。小逸看似有很多朋友，內在卻相當孤單，因為她沒有「最好」的朋友。同學們私下聚會，都沒有小逸的份。小逸很願意為同學付出、很重感情，可是她不知道，在別人心目中，是不是一樣重視她這個朋友？

當小逸在網路上看到朋友彼此邀約出遊卻沒邀請自己時，小逸會覺得失落、受傷；低落的情緒淹沒小逸，讓小逸在家哭一整天。可是，小逸不敢向朋友確認自己是怎樣的存在，於是她戴上冷酷的面具，假裝不在意，對朋友冷暴力，不再熱情主動找朋友，心底默默希望朋友發現自己的怪異行為而主動關心自己。沒想到，朋友不是沒發現小逸怪怪的，就是跟小逸漸行漸遠。小逸仍然很重感情，可她在交友的同時，心底也很害怕：我這麼用心付出，會換來一樣的回報嗎？還是，我只是一個被利用、可有可無的存在？想與人連結的同時，小逸對人也有著很大的恐懼與不信任。當她的心理狀態好時，可以快速與人建立關係；但當她的心理狀態不好，就會自我封閉，關閉社群軟體，甚至無法回覆朋友的訊息，只想遠離人群。

對人忽遠忽近的小逸，讓朋友感到困惑。小逸想要的很簡單，只是與某人發展穩固的連結，可是這樣的渴望，卻成了奢求，感覺一輩子也得不到。

無論在家庭裡，或是在校園中，小逸「頭腦」上都知道，自己是被喜愛的孩子。在校園中，小逸清楚知道自己滿善於結交朋友，雖然沒有任何一個朋友跟自己「最好」，但很多同學跟自己有著「還不錯」的關係；在家庭中，雖然覺得爸媽偏心手足，但也知道爸媽真的過得很辛苦跟忙碌，很努力賺錢給自己過好的生活。爸媽也從沒虐待過自己，自己雖然不是爸媽「最愛」的孩子，但應該也還是被爸媽愛的孩子吧？可問題是，當小逸被詢問是否覺得爸媽愛自己時，小逸沒有百分之百的底氣，可以一秒很肯定的說出爸媽愛自己。小逸心底深處其實覺得自己沒有存在價值——在這世界中，有誰會重視、在意、關心自己呢？

孩子漸漸長大，同學朋友比爸媽重要

在我實際諮商的經驗裡，我看到許多國小到大學階段的孩子，非常在意自己有沒有「最好」的朋友。這個想法看起來有些荒謬，但其實背後是深沉的孤單與不被愛。

許多家長忙於工作，孩子也忙於課業，彼此「有品質」的相處時間，實在少之又少。當孩子在學校生病時，家長無法推開重要會議去接孩子回家，只好讓不舒服的孩子繼續待在學校；當孩子被老師投訴欺負其他小孩、對方家長要告的時候，除了趕快處理糾紛，實在沒多餘心力去聽孩子好好解釋事情的始末……在這些日常瑣事中，孩子逐漸體悟到：「對爸媽來說，工作賺錢才是最重要的，我沒有這麼重要。」

可是沒有一個孩子，願意就此放棄。對孩子來說，渴求與爸媽間的連結，是最重要的事。於是，孩子會用撒嬌、甚至用搞破壞的方式，企圖吸引爸媽的注意力，希望他們將時間、心力與目光放在自己身上。

家庭、工作兩頭燒的爸媽，無法時時刻刻關注孩子，只好派出數位保母——平板——替代自己陪伴孩子。孩子開始依賴平板的陪伴，慢慢的等孩子長大了，也就不再渴求爸媽的陪伴了。但孩子想與人建立連結的需求還是存在，於是轉而在意同學。

「如果世界上有一個人在乎我，那該有多好。」這是孩子的心聲。當孩子把關注焦點從家庭轉移到學校，我們會發現，很多孩子跟朋友間的關係會如同情人，且不允許有第三位朋友出現。當其他同學跟自己的好朋友說話，孩子會相當介意甚至氣憤，好像其他同學是介入他們的「小三」。孩子會要求好朋友對自己忠誠，希望自己是好朋友的「唯一」——如果他是某人的唯一，那代表在這個世界上，他對某人來說是很重要的存在，是有意義的、有價值的。

當孩子因為吃醋朋友跟其他人要好，希望朋友是自己的「唯一」時，父母會有點困難去引導孩子不要這麼做。孩子心裡也清楚自己的吃醋很莫名其妙，明明不是同性戀，怎麼會對同性朋友有這樣的感覺？頭腦上知道，但心底就是忍不住會吃醋，差別只在於有沒有表現或說出來罷了。其實，當孩子希望成為朋友的「唯一」，家長能做的，是回頭處理自己與孩子間的關係。為什麼呢？且聽我娓娓道來。

比起沒有「最好」的朋友，孩子最渴望成為父母的「唯一」

孩子與主要照顧者的關係，是孩子出生以來，發展出的第一個社交關係。與主要照顧者間形成的社交關係，會影響孩子長大後如何與外人相處。若孩子只是在「頭腦上」知道主要照顧者愛自己，很容易覺得照顧者是「有條件的」愛自己，會懷疑：當哪天自己不是照顧者期待中的樣子了，照顧者還會愛我嗎？我可以在照顧者面前做我自己嗎？可以讓照顧者認識真正的我嗎？世界上有人會接受真實的我嗎？真實的我讓同儕看見了，如果也被討厭怎麼辦？我其實是一個缺點很多的人啊！我害怕讓人太靠近，太靠近就會看到真實的我，我怕真實的自己其實是被嫌棄的。唉……但又好渴望有人可以真正靠近我、可以跟我發展出「唯一」的關係，只有我是他最好的朋友，讓我感覺自己對某人來說好重要。

「頭腦上」知道照顧者愛自己的孩子，當遭遇重大挫折時，有可能會隱藏自己的脆弱，陷入隱性孤單的狀態中——大家都看不出孩子異常，以為孩子好好的，但孩子其實那時候很挫折迷惘、很需要被協助。

但若孩子「心理上」知道照顧者愛自己，那是一種無條件的愛，是一種很有安全感的愛，知道當自己不再符合照顧者期待時，不會被照顧者在心理上拋棄；當身處生命低谷時，孩子會願意讓照顧者知道自己的狀態，知道照顧者仍會陪伴支持自己，仍可以從照顧者眼裡看見對自己的欣賞跟肯定，以及，從照顧者眼裡看見對自己的心疼。一個被人心疼的孩子，也較能夠去疼惜、看見自己的受傷，進而自我療癒。這樣的孩子，也較敢在外人面前展示自己的脆弱或不堪，相信會獲得善意的回應。

身為家長，很難問出孩子是「頭腦上」還是「心理上」知道照顧者愛他，這個問題對孩子來說超級尷尬，孩子也很怕傷害照顧者的心。重點不在於問出答案，而是去反思如何用孩子能接收到的方式，讓孩子更能感到無條件的被愛著。照顧者與孩子間的關係不可能總是毫髮無傷，關係會撕裂，但重要的是，如何去修復裂痕。例如對前述的小逸來說，或許她能理解為何父母比較偏愛手足，而她需要的，其實只是每個月能有一個下午，父母其中一方單獨跟她出去逛街、吃飯就夠了。小逸感到被愛的方式，不是擁有好的物質生活，而是父母願意抽出時間陪伴自己。

當孩子徬徨無助、很需要愛的時候，孩子知道，在照顧者身邊，他可以感受到愛、從照顧者眼裡感受到正向眼光。注意！這不代表要把孩子養成無法無天的小霸王。行為跟感受是分開的，身為照顧者，我們可以不接受孩子的行為，但可以同理他的感受。例如不接受孩子作弊的行為，但可以同理孩子因為在意成績無法達到自己的標準而作弊，同理這是孩子目前遇到的困難。但作弊不是一個好的解決辦法，身為成人，還是需要負擔起教養的責任，引導孩子正確、適切的解決問題方法，例如一起檢視讀書哪裡遇到困難。但切記，千萬別因為孩子做出問題行為就對孩子貼上負面標籤，並到處宣傳孩子多壞，例如到處對親友說「這孩子很愛說謊」。

當我們在孩子身上貼負面標籤，就好像判了孩子無期徒刑，孩子被認定是這樣的人，沒有翻盤的機會，覺得被周遭認識與不認識的人誤解，但沒機會為自己解釋。這個負面標籤也讓孩子覺得照顧者討厭某部分的自己。另外，許多孩子曾分享他們的經驗：孩子被照顧者說，自己的某樣特質像媽媽或像爸爸，很令人討厭。孩子會覺得照顧者喜歡某部分的自己，但同時也好討厭另一部分的自己。孩子不認為照顧者接納全部的他，因此孩子自己也很難自我接納跟喜愛全部的自己。

當孩子很在意自己沒有「最好」的朋友，表示孩子對於自己是否在某人眼中是很有價值的這件事，感到不確信。比起同儕，孩子其實最渴望的是成為父母的

「唯一」，成為最被父母喜愛的孩子。或許現實層面孩子有手足，難免會覺得父母偏心，但家長仍可以不厭其煩的透過各種方式向孩子傳遞「我對你的愛是無條件的」。同時，當孩子覺得被偏心對待的那些時刻，正是孩子感受到父母更愛手足、不愛自己的時刻。這時別陷入是非對錯之爭，也千萬別說「大的就要讓小的」之類的話，記得要回應的是孩子的情緒層面，看見孩子的受傷，安撫孩子就好了——孩子當下或許感到自己不被愛，但至少可以透過事後的安撫，把愛彌補回來。

例如家長可以說：「啊！原來我那時候叫你把玩具讓給妹妹玩，你感覺我比較疼愛妹妹啊。謝謝你告訴媽媽這樣做你會感到受傷，我們等等可以一起討論，如果下次遇到這種狀況，你覺得媽媽可以怎麼做，不會讓你覺得媽媽偏心但又可以解決衝突。但媽媽想讓你知道，你也是媽媽的心肝寶貝喔，你可以想想並告訴媽媽該怎樣做，可以讓你感受到媽媽也好愛你嗎？」

就算孩子想不出來自己希望媽媽怎樣做才能讓自己感到被愛，但光是上面這段話，就足以讓孩子更多一點的感受到媽媽是愛自己的，同時也更可以對過去被規定要把玩具讓給妹妹玩的事件更加釋懷，間接減少手足間的敵意。

孩子會過度在意有沒有「最好」的朋友，很可能孩子對於自己是否被無條件的愛著、是否對某人來說是很重要的人，感到不確信。

Q23

孩子不善社交，在班上落單了

A

鼓勵孩子在進入新班級的第一個月，練習找同學講話

當家長直接問孩子有沒有朋友，很多孩子會直覺式的說「有啊」，但話題就在此結束了。可以試著詢問孩子「你下課都在做什麼」、「分組常跟誰一組？怎麼會跟他們一組」、「放學跟誰一起回家」、「跟誰吃飯」、「晚上或假日會用手機跟同學互動嗎」……透過這些問題，家長可以知道孩子在學校是否有朋友。

如果孩子下課大多在睡覺、去廁所、讀書，很可能是孩子不知道如何與同學

建立關係，但不想顯得自己像邊緣人，只好裝忙，表現出不想被任何人打擾的樣子。有時候孩子一天跟同學講不到十句話！這時候就要注意，孩子是否有社交技巧上的困難。

人生在世，是需要活在「關係」中的。良好的關係是從他人眼中建立正向的自己，未來逐漸發展親密感，不僅喜愛自己、也喜愛他人。再酷、再內向的孩子，內在仍會渴望在班上至少有一個好友，那會讓整個校園生活輕鬆很多——至少分組時不用再擔心落單。

許多孩子跟我分享，剛分完班、進入新班級的第一個月，是很重要的關鍵期。如果第一個月沒打入某個小團體中，之後要擠入別人的小圈圈會更困難。很多孩子這時候就會選擇變得更退縮、更少主動跟同學互動相處。

既然剛進入新班級，找到自己所屬的群體很重要，但不是所有的孩子都很活潑外向，能夠主動跟他人建立連結。如果我們的孩子特別內向，要如何融入新班級呢？

內向大致可分成兩種。有一種內向的孩子，雖然不會主動與人攀談，但他似乎有某種吸引力，能吸引別人主動靠近認識。這類孩子不需要太擔心人際社交，他們雖然不會成為班上活躍分子，但在班上能夠交到一、兩個知心好友。

但有另一種內向的孩子，無法吸引他人主動靠近，可能就需要增加社交技巧了。有個孩子跟我說，他下課時間都坐在座位上，期待有人主動來跟他聊天交朋友，但大家都跟其他人玩得很開心，沒人來找自己。

我問孩子，為什麼他不主動找人聊天呢？孩子說很怕尷尬。如果跟對方聊天，話題結束後有好幾秒空白冷場，他就會尷尬到受不了。因此他能跟不熟的人聊天的時間長度是三分鐘，超過三分鐘就會開始擔心沒話聊。

也有些孩子會跟同學一起打遊戲、看動漫、研究穿搭彩妝、看球賽等。他們其實不見得對這些活動有興趣，只是需要靠這些維持跟同儕聊天的話題，讓自己好似有個歸屬感。

鼓勵孩子練習主動搭訕聊天

如果孩子很怕跟人互動，這時候更要鼓勵孩子練習主動搭訕聊天。當孩子因為害怕跟人互動而總是獨自一人，會愈來愈怕跟人互動，有些孩子甚至變成選擇性緘默症，在家能侃侃而談，在外面對陌生人卻一個字都無法說出口。

家長可以詢問孩子，如果挑戰下課時找一個人講話，他會找誰？想找一整個群體的人，還是找落單的人練習搭訕？

具體的請孩子說出一個他想搭訕的人名，問孩子打算跟對方聊些什麼？有什麼話題是對方可能也有興趣的？如果聊不下去、覺得尷尬了，可以怎麼快速讓自己脫身（例如藉口要上廁所來結束對話）？鼓勵孩子慢慢增加搭訕的對象，培養人際社交與開啟話題的能力。

引導孩子適度表達人際界限，與朋友建立舒適的互動

在校園中時常聽到老師說，班上某位同學用讓人不舒服的方式交朋友，引發全班排擠。例如，可可在家會跟爸媽親臉，國小、國中了，在學校也想跟同學親臉或擁抱來表達喜愛，但對同學來說，這樣的互動是侵犯界限的、讓人不舒服的。又或是可可看到班上的小明跟小王都會勾肩搭背、稱兄道弟。可可也想跟小明當朋友，即使與小明根本不熟，但卻常常在跟小明說話的時候，學小王般跟小明勾肩搭背，這舉動卻恰恰讓小明對可可感到很反感。

當發生這種情況，家長和老師該如何引導感到不舒服的小明來回應可可？

一、表達人際界限

請小明就事論事的告訴可可：「請你不要跟我勾肩搭背，這讓我不舒服。」很多孩子不敢當面表達自己不舒服、不喜歡，但如果不說，別人就不知道這樣做會造成孩子的不適。清楚表達人際界限，如同告知別人自己的使用手冊，說明自

己在身體上和精神上的相處原則；告知得愈清楚，對方愈知道如何避開地雷點。

二、**告訴對方可以怎麼做來替代讓人不悅的行為**

當小明告訴可可自己的地雷點，請他別再這樣做之後，也要教導可可如何跟自己相處。例如：「我不喜歡你跟我勾肩搭背，如果你想表達友好之意，你可以跟我擊掌就好。」

以上述的例子來看，小明要學習說出自己的不舒服，讓別人用自己能夠接受的方式互動；可可則需要透過同學清楚表達界限與告知期待的互動方式，累積大量經驗，增進人際敏察度，用對方覺得適切的方式與之相處。

鼓勵孩子慢慢增加搭訕的對象，培養人際社交與開啟話題的能力，找到舒適的互動。

Q24

孩子覺得自己被孤立了

A

認同孩子被孤立的感覺，協助孩子建立多重人際網絡

霸凌，幾乎是每一位孩子在成長過程中，都會遇到的問題。我們小時候的霸凌顯而易見，例如在班上被言語霸凌（被嘲弄）或肢體霸凌（被打、被丟書包）。可是現今的霸凌，很模糊也很隱微。

豪豪跟小亮在上課時起了一點言語衝突，當場差點打起來，但被老師制止。下課後兩人心裡都有疙瘩，互不說話。以前兩人會一起跟大家去打籃球，今天豪豪藉口想睡覺，就待在座位上。

沒想到過幾天，豪豪發現，那天小亮趁豪豪沒去打球，跟球友另外開了一個網路聊天群組，卻沒有邀請豪豪進入這個群組。

豪豪有點在意這件事，深怕小亮在群組裡說自己的壞話。豪豪不斷向在群組裡的共同好友們打聽大家的聊天內容，問久了，好友也覺得煩，叫豪豪不要想這麼多。

好友解釋，小亮開群組沒有惡意，沒有在群組裡說過豪豪的事情，他只是常常分享一些好笑的影片給大家。

豪豪不知道是自己多心，還是小亮真的說了些什麼，但他總感覺，這些共同好友對豪豪的態度變得有點冷淡，好像故意不理自己。於是，豪豪更常藉故不一起去打籃球；連分組也是，只要有小亮在，豪豪就會自動到別組。

豪豪感覺自己的朋友都站在小亮那邊，都被小亮拉走了。他不只失去小亮，他失去的是班上所有的朋友。

被孤立、被背叛的感覺隱隱作痛，可諷刺的是，豪豪完全不知道，到底是因為自己多心而疏遠大家，還是小亮真的有在群組中說自己的壞話，害自己被孤立排擠？

連怎麼失去朋友的，豪豪都一頭霧水。

以前的豪豪很直率、外向，經過這件事，豪豪有點封閉自己的心，放棄原本那些朋友，也不敢再結交新朋友。

「還是離人遠遠的、自己一個人比較不會受到傷害。人際關係太複雜了，讓人好疲憊。」這個信念逐漸在豪豪心中成形。

人際關係與網路世界虛實交纏，讓許多原本說得清的事情，也變得模糊不清了。霸凌，變得很主觀。

如同豪豪，他連要傾訴自己的心情，都不知道如何述說，因為感覺上是自己太敏感多心，但又確實造成他封閉自我。

或許小亮也覺得很委屈，自己只是剛好成立群組，沒加入正在吵架中的豪豪，怎麼就變成自己在霸凌豪豪？或許小亮確實有向共同好友抱怨豪豪、訴說自己的委屈，但自己無意霸凌，怎麼就被老師在全班面前訓話說自己在霸凌豪豪？結局就是小亮也被全班排擠了……。

有了網路後，人際關係變得更隱微也更複雜。當同學讓自己不開心，可以有話直說嗎？有話直說，對方當場看起來好像可以接受，卻在背地裡拉群組說我壞話怎麼辦？我可以請同學幫忙嗎？他們會不會當下答應我，卻偷偷拉小群組譏笑我是伸手牌？為什麼我在班上唯一的好友在網路上封鎖我，但他跟我見面時卻好像什麼事情都沒發生，我該跟他談談嗎？我什麼時候得罪他了嗎？我看到同學們的網路限時動態，為什麼他們一起出去玩但卻沒約我？我真的是他們的朋友嗎？我好氣某人，但我不知道如何當面跟他說，只好在網路上發文抒發情緒，為什麼其他同學看到了，卻跑來公審我，甚至說我發文霸凌他？我才是被霸凌的那個人吧？

網路形成的複雜人際糾葛，是滑世代青年必須面臨的問題。

青少年從小大量浸泡在網路世界中，少了很多與人面對面相處的機會，缺乏真實互動的技巧。身為家長，可以做的是從小訓練孩子處理衝突、表達自我界限、增加社交技巧，以及訓練解讀臉部表情等等。這部分會在下一章有更深入的討論。

而當我們的孩子，面臨跟豪豪一樣的處境時，我們可以怎麼協助孩子？

對孩子來說，他們的世界很小，班級就是他們的全世界。

當孩子被班上同學孤立，尤其衝突事件又在網路上發酵，全校都參與討論，孩子的感受會是「**全世界都討厭我**」。

這是一種很恐怖的感覺，就連我們大人也無法忍受全世界都討厭自己的感覺。只是在大人的世界，我們擁有比較多的群體，我們會知道只是「這群人」討厭我，不是「全世界」都討厭我，相對還能在其他群體找到歸屬感跟價值感，抵抗他人負向看待自己的不舒服感。

所以如果我們要幫助孩子，也是一樣道理。當孩子在班上感覺被孤立，不管是否達到霸凌的定義，孩子被孤立的感受都需要被重視、被協助。認同孩子被孤立的感覺是很真實的、是很不舒服的，沒人喜歡被討厭；但同時，被孤立的狀態是無法馬上獲得處理的。

要協助孩子感覺不這麼孤單、不是全世界都討厭他，一個快速有效的方法，是讓孩子擁有多重歸屬感、多重群體。

例如孩子還有參加學校的合唱團，合唱團裡有許多好友，因此即便孩子感覺班上同學都討厭自己，但跟合唱團的同學相處時，孩子可以感受到還是有人接納、喜愛自己。

「不是全世界的人都討厭我，只是有些人討厭我。」這樣的想法，比較容易幫助孩子存活下來，不會全面否定自己的存在；也讓孩子比較可以忍受這段被班上孤立的時期，不至於封閉自我、對人群產生恐懼。

重點來了！孩子要發展多重群體，需要從小建立興趣、多方嘗試探索。

如果當孩子感到無聊，就用網路來打發時間，孩子會失去參加其他社團、課程的機會，不但無法探索自己的優勢能力，更會錯失發展多重群體的可能性。這部分也會在下一章有進一步的詳細說明。

孩子被孤立的感受需要被重視，家長可以協助孩子在其他群體找到歸屬感和價值感。

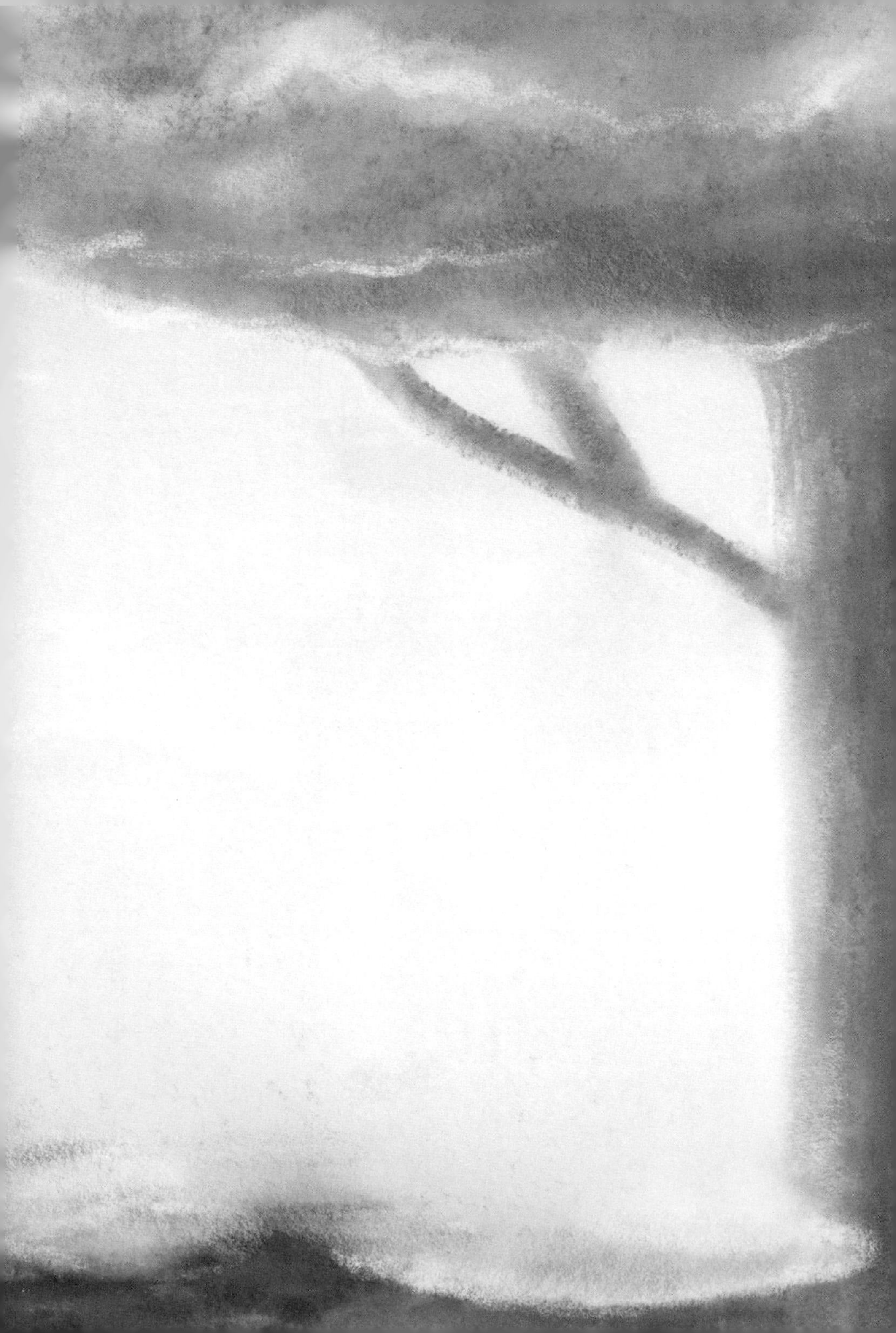

面對轉型的挑戰③ PART 5

孩子一直黏在手機與電腦前

深入造成孩子網路成癮的根源問題

Q25

當孩子寧願上網一整天，也不願意去上學

A

運用好奇探問法，詢問孩子沉浸網路世界的原因；嚴重時需要請求專業協助

網路成癮，幾乎是每場親職講座的家長會有共鳴的議題。但在講解網路成癮之前，要先定義何為「網路成癮」。

近年來網路成癮這個詞有點被過度濫用了，只要孩子使用網路的時間大於家長的期望，就輕易被冠上網路成癮的大帽子，可是網路是趨勢，單純把問題歸因於網路，不切實際也無法解決問題。

對我來說，網路成癮的定義是「脫離正常軌道」。

例如，學生時常請假不去上課，在家很無聊，當然是上網一整天。常常不去考試，連高中畢業證書都拿不到。無論家長或學生本人，心知肚明這樣的生活跟同年紀的人的很不一樣，已經是脫離正常範圍的軌道，對我來說才是到達「成癮」的地步。

當孩子嚴重網路成癮，成癮到放棄原有的生活，躲在家中，失去正常社交連結，世界只剩下網路……要了解，這代表孩子在現實世界遇到某些難以面對的困難、阻礙，因此孩子就像鴕鳥般，把頭埋入名為網路的沙子中，躲入一個虛幻但安全的世界——至少，對孩子來說，這個安全世界可以幫助自己活下來。

因此這時候，要處理的絕不是一味禁止孩子使用網路，而是要努力去了解，孩子在真實世界到底遇到什麼困難，讓他實在無法繼續待在現實世界中。

我常認為「網路成癮」是孩子的表面議題，孩子遇到困境不知如何解決，就像大人會用抽菸喝酒來麻痺自己一樣，孩子只能用網路來麻痺自己。更讓人心疼的是，孩子到底遇到什麼困境，大到需要麻痺自己才能存活？有些人是課業問題、有些人是家庭問題、有些是人際問題、有些是性別認同問題、有些則是情緒問題……

隱藏在網路成癮底下的深層議題，才是孩子真正需要協助的地方。

日本專門研究繭居族的心理學家指出，如果孩子真的網路成癮嚴重到脫離生活常軌，無論是否有心理疾病，都是需要治療的。建議家長與孩子一同尋求心理師或校內輔導老師的協助，度過這個艱難時刻。

同時，家長可以運用前面學到的「好奇探問」技巧，先別帶著預設立場，摒除要孩子放下網路、回歸常軌的想法，以一個中立、不評價的態度，詢問孩子「發生什麼事所以不想去學校了」、「你沒去學校不覺得無聊嗎」、「還有跟同學聯絡嗎（評估孩子是否社交孤立了）」、「跟同學還有話題聊嗎」、「上網時都在做什麼呢」、「一直滑手機會無聊嗎」、「對未來有什麼打算呢」、「對於目前的狀態會感到不安嗎」等類似問題。從各方面試圖理解孩子怎麼看待除了網路、什麼都沒有的生活，以及是否喜歡現在的狀態。

最重要的是，不管家長是否理解孩子為何遁入網路世界，都要正視孩子遇到的困境，確實的待在孩子身邊，陪孩子一起迷惘和不知所措，一起等待，一起積累力量、破繭而出。

當孩子對未來感到迷惘，孩子同時是在探索「我是誰」、「我決定用什麼方式在這個世界存活（例如要很努力或開心過活就好之類的）」，這是孩子重新認識自己、重新找尋自己價值的重要時刻。

切記！孩子需要的，永遠不是一個幫他解決問題的人。孩子需要的是一個願意讓他待在問題中、允許他有負面情緒、允許他不成功、允許他迷惘、給他探索時間……在這樣的時刻裡，仍願意陪伴自己、願意正向看待自己、願意信任自己的家人。

嚴重網路成癮的案例，背後成因各自不同，需要個別化深入討論，再次建議尋求專業的協助。

而閱讀此書的大部分家長，孩子並未到達嚴重網路成癮的地步，但孩子過度使用網路仍讓家長困擾，也擔憂網路帶來的負面影響。後面我將一一提供解方。

沒先了解孩子遭遇的困境，只是一味禁止使用網路，很可能會切斷了孩子拯救自己活下去的最後一條線。

Q26

當孩子情緒不佳，不得已拿出3C產品來安撫孩子

A

短暫、非長時間使用3C產品，可為大人小孩帶來喘息的時間與空間

「別讓手機、電視和平板成為數位保母」這個道理我們都懂，但要真的做到並不容易，而是一個需要刻意下定決心的選擇。畢竟數位保母真的很好用，成本又很低。孩子挑食不吃飯的時候，給他看平板，他就會乖乖的吃下餵他的所有東西；當孩子在公眾場合吵鬧、無法控制情緒時，派出數位保母，是成功率最高、最快換來寧靜的方法；當下班回家或假日待在家，好累好想休息，好想有一個人

的時光時，開電視給孩子看，馬上換來好幾個小時的安靜。

對我來說，不派出數位保母，主要的原因倒不是怕孩子看太多電視會近視、會對網路著迷、會在網路上看到不該看的內容等等。我不派出數位保母跟孩子相處，更多的是自我警惕。當我習慣用數位保母來安撫孩子的情緒，我失去找出方法來安撫孩子的機會；當我派出數位保母跟孩子相處，我失去了解孩子的機會。

跟孩子相處的每個時刻對我來說都好珍貴。看著孩子從襁褓中的嬰兒逐漸長大，從他現在的舉手投足，我還是可以看到許多他小時候的樣子，以及過去那些珍貴的時光。因為大量的相處和互動，我可以理解孩子某個動作的涵義、某個動機背後的思考。當孩子未來做了某些讓我氣得牙癢癢的事情，我也更可以理解他、原諒他，因為我永遠可以想到他的可愛之處，這讓我可以永遠愛著孩子。

但我也想提醒家長們，偶爾派出數位保母是沒關係的。當自己真的好累，因為帶孩子造成的被剝奪感好重、讓人覺得完全失去自己的生活、對孩子很難有足夠的耐心時，適時放過自己吧！讓孩子使用一下 3C 產品不會造成傷害的，反而讓自己有一小段休息時間，照顧好自己的心，再回來照顧孩子。

如果需要長期派出數位保母，或許代表此刻生活壓力真的太大，可以尋求家人或政府的支援，讓自己獲得一絲喘息。

短時間使用 3C 產品安撫孩子，或許可緩解育兒壓力；但長期依賴數位保母，會阻礙親子互相了解的機會。

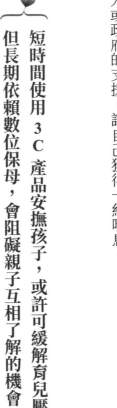

Q27

孩子用滑手機、逛網路來打發無聊

A

引導孩子發展其他興趣、培養多重人際交友圈，讓無聊變有聊

何時該給孩子手機、孩子可以上網多久，這個問題真的沒有一個標準答案。每個孩子的狀況不同，即便是同一個家庭的孩子，可能姊姊很自律，很早擁有手機但沒有過度使用的問題；弟弟是及時行樂型的人，太早擁有手機，可能會黏在網路上下不來。

我覺得只要家長制定的手機使用規則，可以讓親子彼此都滿意，那就沒問題

了。我唯一要提醒的是，絕對不要讓孩子無限制的使用網路。孩子主導思考和行動的大腦前額葉尚未發展成熟，加上課業、同儕、家庭等各方面壓力，很容易因為遇到困難就逃到網路世界。更容易在考前壓力大、該讀書卻讀不下去的時候，無限制的使用手機，一整晚時間就過去了；接著在睡前陷入自我指責的巨大罪惡感中，造成已經讀不完的書更加讀不完，面對書本更感焦慮，更想逃避到網路世界，惡性循環。

如果一開始就讓孩子無限制的使用網路，事後要再規範或管理孩子的網路使用規則，就會非常困難了。孩子需要從他律，慢慢發展為自律。當還不會自律時，就需要成人的規範。

另外，當孩子從小習慣無聊時就把大量時間泡在網路上打發時間，孩子會失去探索自己興趣的機會。當隨時有網路打發時間，孩子就不會因為想找事做，而去參加直排輪社、去跑步、報名吉他課等課外活動，這會產生許多問題。

鼓勵孩子建立真實世界的人際互動

孩子無聊泡網路，失去探索自己興趣的機會，會有以下潛在問題。

第一，不是所有的孩子都有讀書天分。當孩子的課業成績總讓他感到挫敗，他會很難感覺到自己是有價值的、是厲害的。但每個人都有他的天賦潛能，孩子需要多方嘗試探索，才能慢慢找到自己的優勢在哪裡。孩子需要找到自己生活的重心跟熱忱所在，否則孩子會找不到活著的意義感，覺得每天的生活都一樣；沒有什麼值得期待或開心的事情，每天被生活過，而不是過生活，會顯得一副死氣沉沉的樣子。

第二，當孩子因為無聊而開始發展其他興趣，孩子有機會跨出舒適圈，接觸更多人群、進行交流。一來，孩子幫自己發展多重群體、多重社會支持，當他被某個群體孤立，他還擁有其他有歸屬感的群體，讓孩子的自我價值不至於受到全面否定，破除「全世界都討厭我」的感覺。同時，透過在不同群體大量累積「面對面」與人相處的經驗，孩子學到更多社交技巧，知道如何跟陌生人開話題、延續話題，知道如何跟人相處較不會緊張害怕；知道如何解讀他人的臉部表情跟情緒，知道如何與人互動不會侵犯界限、讓人不舒服，也更知道面臨衝突時可以如何圓融處理但又不會過度委屈自己。

第三，當孩子習慣一感到無聊就用網路打發時間，長大後，孩子更難跨出舒適圈，接觸不同的領域跟人群。於是當孩子不擅長讀書，回家很無聊也不想複習課業，只好繼續滑手機。家長鼓勵孩子多去外面走走、去參加跟課業完全無關的課程或活動，孩子也顯得興趣缺缺。畢竟跨出舒適圈需要勇氣與心力的，待在網路世界是打發無聊成本最低又最安全的方式。孩子彷彿被軟禁在名為網路的監牢中。

如果孩子的年紀比較小，還有機會讓孩子學習無聊時給自己找樂子。當孩子無聊的時候，試著把問題丟還給孩子，問孩子「好無聊，那可以做些什麼讓自己有聊？」」家長需要忍耐孩子一直抱怨無聊的時段；孩子天生會替自己找樂子，他最後會找到讓自己稍微不那麼無聊的事情做，此刻，孩子有機會更多面向的探索自己、更多面向的進行學習。

更重要的是，孩子學到了，除了用網路打發無聊外，還有其他方式可以打發無聊。這些打發無聊的方式，都會成為孩子的情緒資本。當孩子未來遇到阻礙，引發情緒問題，除了用網路麻痺情緒外，孩子也會尋找其他方法紓解壓力與情緒。當紓解的方法愈多元，孩子的情緒會愈穩定。

使用「正念休息法」取代網路來減壓放鬆

我很不建議讓網路成為孩子紓解情緒的唯一方式。無論成人或孩子，都很習慣當壓力大的時候，低頭滑手機，看影片或看別人的發文來轉移注意力；其實很多時候我們甚至沒有真的理解內容，只是無意識的滑著手機。當我們放下手機，我們可以觀察或坐或站的行人，聽聽別人說些什麼；我們可以閉眼休息，這正是進行現代很提倡的「正念休息法」──正念就是活在此時此刻，放大五感去感知世界。已經有許多研究證實，正念休息法可以短暫、有效又快速的讓大腦休息。但當我們因為壓力大、因為疲憊，不斷無意識的滑著手機，不只失去「此時此刻」跟世界的連結，大腦也因為無法真正休息放鬆而更緊繃。更糟的是，頻繁使用社群軟體，其實使人更焦慮。

「為什麼我過得這麼糟糕，他的生活卻這麼多采多姿」、「為什麼他們出去玩卻不找我」、「他長得真好看，為什麼我的外表這麼醜」……看著社群軟體，我們不自覺產生許多比較心態，這些比較讓我們攻擊、否定自己，我們因此更沮喪，也更焦慮不安。

當孩子壓力大、有情緒時，網路可以是孩子紓壓方式之一，但不能是唯一。放下網路、放下跟全世界人比較，回到當下，從細小地方感到平靜、感到感動、感到平穩、感到安定。紓壓與轉移情緒的方式愈多元，孩子的情緒愈能穩定。

回到何時該給孩子手機的問題。現在到處都有無線網路，孩子二十四小時擁有手機，意味著二十四小時很難忍住不觀看社群軟體。

記得前面豪豪的例子嗎？當豪豪跟同學發生衝突，豪豪花更多心思去看同學的網路動態，企圖找出自己是否被排擠孤立的蛛絲馬跡。當衝突結束，社群軟體卻讓豪豪一顆心更是懸著，擔心網路上許多被動式、暗地式的攻擊。當孩子可以二十四小時使用社群軟體，孩子的心無處安放，怎麼能夠不焦慮？

同理，我也不贊成讓孩子有可以連上社群的手錶。孩子的心，需要隔絕網路的時間，好好的、真正的放鬆休息。

孩子會利用網路世界來逃離現實生活中的壓力。家長需要引導孩子發展其他紓壓方法，幫助他們穩定情緒。

Q28

孩子破壞了原本約定好的網路使用規範

A

堅守訂定的網路使用規範，同時接納孩子因之而起的負面情緒

孩子養成習慣，需要先從他律開始，才會到自律。因此當孩子還小，家長確實需要制定孩子使用手機的規範。我會建議家長跟孩子相處的時候，若要處理工作，盡量用電腦而非用手機。

當我們跟孩子相處時一直用手機處理工作，孩子看到手機居然比自己更吸引大人注意，當然也會對手機產生好奇，想學大人一直看著手機。而手機比起電腦

更好取得，因此孩子很容易趁大人不注意，就把手機拿過去亂點亂滑；相較之下，電腦開機比較麻煩，比較不會隨身帶著，孩子取得更不易。

如果家長有制定網路使用規範，但孩子讓長輩照顧的時候，長輩一直給孩子使用3C產品，又該怎麼辦？沒辦法。我們只能盡力跟長輩溝通，如果無法改變長輩，只能接受，畢竟我們需要他們幫忙帶孩子。況且，或許長輩也真的沒這麼多心力像我們這樣跟孩子相處。

孩子是很聰明的。孩子會知道，在家裡的規則跟在阿公阿嬤家不一樣。只要在自己的家中，貫徹執行自己制定的網路使用規則即可。

比較令人擔心的是，明明已經制定規則，但孩子一耍賴，就給孩子更多網路使用時間，那麼規則就等於無效，最後勢必會變成網路無限量玩到飽。而後當家長想要再度規範網路使用時間，孩子容易用激烈的情緒讓父母招架不住，於是家長只好妥協。

溫和而堅定的執行網路使用規範

在正向教養中，強調要當溫和又堅定的父母。所謂堅定，就是貫徹執行自己訂的規則。

一個堅定的父母，如同一個有邊界的房間，孩子知道底線就是在那裡，少了很多討價還價的空間。邊界感很清楚的房子，是很堅固的房子，孩子了解這個房子長什麼樣子，不會任意變形，不會一有風吹草動就變大、變扭曲或變小。一個穩定有邊界感的房子，讓孩子有安全感，也讓孩子知道，在這個邊界內可以犯錯、可以衝撞，可以在錯誤中學習跟成長。

而父母在堅定的同時，也要溫和。

溫和就是接納孩子的情緒。例如當孩子組隊打電動打到一半，突然被斷網，孩子當然會好生氣。時間到了就是要斷網（堅定規則），但孩子是可以生氣的（溫和接納情緒）。同理孩子，突然被斷網會被認為是豬隊友，朋友可能以後不想跟孩子同隊了，「我要是你，我也會生氣」；孩子可以決定要氣多久，等不氣了，再來討論網路使用時間的問題。

當孩子因為網路規範而對家長有情緒時，這裡有三點提醒。

第一，我們要堅定執行規範，但同時溫和的接納孩子的負面情緒。可是如果每次執行規範，都引起孩子大量的負面情緒，或許我們的規範對孩子來說太不適當了。此時可以與孩子開家庭會議，好好討論這個問題，尋求共識。但當討論出共識後，切記要堅定的執行。

第二點提醒是，當孩子有情緒時，不要討論；當孩子的情緒過了，切記要回頭開會討論。需要等孩子的大腦冷靜，可以理性溝通了，才能真正的討論及處理問題。

可是很多人是在事發當下、彼此都有滿滿的情緒時，急著立刻討論解決，但卻無法溝通、愈吵愈兇，最後冷戰，再假裝什麼事情都沒發生，默默和好。從此不敢再討論會引發爭吵的議題，怕好不容易和好了，一討論又吵架了。殊不知不討論問題、問題絕對還會持續發生，等到下次發生時，彼此又在情緒中爆炸，問題永遠沒有機會被好好討論。

第三點提醒是，如果要斷網，孩子當然會對執行的人生氣，這時候可以把壞人讓別人當。例如可以設定上網時間，時間到自動斷網，當孩子生氣時，在一旁附和、同理孩子就好，畢竟斷網的人不是家長，孩子比較不會把氣發在家長的身上。

另外，也可以用音樂來制約孩子。例如跟被垃圾車的音樂或上課鐘聲制約一樣的道理，每當離斷網時間剩下五分鐘時，就開始播放固定某一首節奏快、聲音大的音樂，孩子會被制約，聽到音樂就知道五分鐘後會沒有網路，開始進行收尾動作；五分鐘後斷網，再播放較柔和緩慢的固定某首音樂，撫平情緒。

孩子需要手機或更多上網時間，反映出人際社交議題

如果孩子不斷要求更多上網時間，或希望有自己的手機，或許代表過去訂定的規則不符合孩子的現況了，需要再次開會討論、調整。

先別急著拒絕孩子。聽聽孩子為什麼需要更多上網時間、為什麼需要有自己的手機，畢竟孩子跟我們不一樣，我們需要從孩子的口中理解他們這個世代。

根據我的經驗，孩子會有上述的要求，往往跟人際議題有關。例如身邊好友都可以使用網路一個小時，自己只可以使用半小時，每次聊天聊到一半，自己就先被斷網，以致於隔天到學校不知道同學聊到哪裡，無法融入。或者，孩子要手機，只是因為放學從學校走到捷運站的路上，同學們會拿出手機連線玩手遊，孩子如果沒有手機，那段時間會好尷尬；孩子其實不是想全天擁有手機，只是想在放學回家的路上，可以有手機一起跟同學互動。

上面兩個例子，其實反映出孩子遇到的是人際社交的難題。

同意孩子需要手機或更多上網時間，是可行方法之一；跟孩子討論，當無法融入同學的話題時，如何開啟新的話題、如何讓自己在那樣的時刻不孤單不尷尬，也是可行方法之一。

最後，當孩子要求更多上網時間，孩子通常會以最極端的例子當論證，說明自己被管得太嚴、有多可憐，別人的爸媽都不像自家爸媽這樣管教。這時候，可以請孩子去訪問班上每一位同學平日和假日使用網路的時間，透過這樣的調查，孩子與父母彼此可以找到一個平均數，理解到底是父母太苛刻，還是孩子對使用時間有不合理的期待。同時，透過調查，我們在教導孩子如何做統計分析，用一個客觀中立的數值當協商的基準點。

接著，再請孩子具體列出自己的整天行程：幾點放學、幾點去補習班、幾點回家、幾點吃飯洗澡、幾點寫作業、幾點複習、幾點上床睡覺、幾點起床……。透過具體寫下整天的時程，有些孩子會意識到，原本期待每天上網兩個小時，但會導致沒時間寫作業或睡覺時間不夠。在意課業的孩子，會自己調整上網時間；

不在乎課業的孩子，或許不在意時間被壓縮，這時候家長就要使用「好奇的探問」，了解孩子是否對課業學習充滿挫折？孩子如何看待自己的價值？有成就感來源嗎？生活重心是什麼？覺得生命有意義嗎？如何探索自己的優勢特點等等。

讓孩子自己制定網路使用規範

相信許多家長一定對這樣的對話不陌生：每次要斷網了，孩子就會說「再十分鐘」，彼此心知肚明，三次「再十分鐘」才是真正結束的時間。每天，都搞得親子雙方不愉快。

用「時間」來規範網路使用，當孩子玩遊戲玩到關鍵時刻、聊天正聊到精采之處，就要被迫關機，真的很難不引發情緒。就像我們追劇，每次故事都在關鍵處結束，後續要等到下一集才會揭曉，也讓許多大人覺得很難受。

比起用時間來規範，或許可以考慮用「每天打一場遊戲」來規範；一場遊戲有時候打二十分鐘就結束，有時候打一小時，都沒關係。但讓孩子有自然的「結束感」，比較不會因為被迫中斷而產生強烈情緒。

想像一下：孩子上一秒在打遊戲，分泌大量快樂激素，猶如置身於天堂中；下一秒卻被吼著快點關機去寫作業，哇！一瞬間從天堂到地獄，當然會產生抗拒心理。抗拒，就會想拖延，於是家長就會感覺小孩總是急著玩手機，但要寫作業就東摸西摸，看了就讓人不快。

讓孩子從「天堂」走到「地獄」的路上順利一點吧！製造「人間」的橋梁讓孩子過度吧！

人間的橋梁，就是那些中立的事情——孩子不排斥，但也不會喜歡到太沉迷，例如吃飯、洗澡、吃水果、散步，讓孩子從網路世界慢慢回歸到現實世界，為讀書做預備。

當孩子上網超時、被關掉網路而產生情緒，先給孩子時間調節情緒。等孩子冷靜下來，可以跟孩子討論：「你有沒有發現，這個禮拜共五天，你有三天都超時，你打算怎麼解決這問題呢？」把問題丟還給孩子，讓孩子試著站在大人的角度去找方法規範自己。

很多孩子很可愛，規範自己的方法比大人想出來的更嚴格，更重要的是，透過指出現況把問題丟還給孩子，暗示孩子要發展出成人的角色，去管理自己，而非總是把管理的責任丟給大人。

孩子自己想出的方法，孩子會更願意遵守，同時，被規範、管理、命令的感受不會這麼深；孩子在擁有選擇的自由的同時，也學習負責。

很多孩子很有創意，例如曾有孩子說：「我最近想看球賽，真的需要多點上網時間。這禮拜改成用網路總量管理我的網路使用，如果平日用得比較多，假日使用的時間就需要減少。」看到了嗎？孩子在練習如何理性的了解自己的需求、父母的需求，並從中找出彼此可以接受的解決方式——這，就是協商溝通能力的展現啊！

最後，有些孩子確實有自制力不夠的困擾，他們同意自己需要大人提醒自己使用網路超時了，但孩子反彈的部分，是大人提醒的方式讓他們不舒服。

例如時間一到，家長就衝到房間碎唸，同時一直偷看孩子的電腦螢幕，好像很不信任孩子，想趁機窺探孩子有沒有偷看不該看的東西，讓孩子覺得既緊張又不受尊重。

這時家長可以跟孩子討論，怎樣的提醒方式，是孩子覺得比較舒服的。例如時間到了，家長站在門外敲門三聲，但不可以開門衝進房間；如果五分鐘後孩子沒把手機交出來，家長再敲門三聲；如果一分鐘後還是沒交出手機，家長可以進去房間，直接拿走手機。但整個過程，孩子希望家長都不要說話，因為一說話彼此就會火大吵起來。

最後，我要提醒，給孩子手機之前，家長要先思考好使用規則，跟孩子約法三章後再給手機，千萬別還沒想好規則就給手機，事後要再建立規則，又是一番革命了。

給孩子手機的同時，清楚告知年紀還小的孩子，家長會看他用手機看了哪些網頁，也會看訊息內容，畢竟孩子在成年之前，家長需要為孩子的行為負責。這樣孩子在使用手機時，會多長出一雙自我檢視的眼睛，比較不會看不該看的內容。當然，當孩子漸漸長大，需要發展隱私，對於是否看孩子的訊息或瀏覽的網頁，可以依照孩子的需求和狀況，做個別化的討論。

對於年齡較小的孩子，我不建議讓他擁有手機。因為孩子一方面還很難克制自己，一方面現在要找到 wifi 太容易了，擁有手機就等於孩子可以上網吃到飽，當現實世界讓孩子想逃避，很容易就逃到網路世界中；或者擁有手機，網路上複雜的人際糾葛，反而讓孩子更焦躁不安。

有限度的讓孩子預支網路使用量

當孩子使用網路常常超時，家長還可以制定一項規定，就是讓孩子預支隔天的網路使用量，「你今天多用十分鐘，明天就少十分鐘。你可以決定是否要預支、預支多久時間。」很多孩子想了之後，會決定不要預支了。我會建議，頂多讓孩子預支隔天的網路使用量，不要預支後天或大後天的，因為欠債欠太多的人，到最後還不起，就會當做沒欠債，不還了。如同孩了累積太多沒寫的作業，又不斷累計罰寫，最後乾脆放棄，完全不管作業了。如果預支太多天，孩子實際上不可能這麼多天不使用網路，那麼預支的規則就會被破壞，最後變成孩子總是找藉口預支，但往後仍繼續使用不還債，變相成無限制使用網路，家長怎樣都管不動。

孩子使用網路，如同學習理財觀念，定時定量使用；如果需要額外的使用量，需要向隔天預支。如此孩子才能學習規畫網路使用時間。

要注意的是，許多家長喜歡把網路當成獎賞或處罰，考得好就不管孩子的網路使用量，考不好就不能上網。

使用網路當獎賞或懲罰，是促使孩子為了外在動機而讀書，哪天遇到挫折，孩子直接不理會父母的規定，認為「反正我就爛、我就讀不來，你要逼我讀書，我乾脆不去學校了，你逼我去上學，我就割腕給你看。」最後，父母還是管不動孩子了。獎賞或懲罰，終有用盡的一天。

另外，許多家長觀察到，當孩子使用手機時，會跳出其他推播影片，造成問題。一來，孩子很容易被引導看到不該看的影片；二來，孩子查資料卻跳出廣告視窗，孩子點進去看，看到忘了自己正在查資料，專注力變很弱。看影片也是，看到一半跳出其他影片，就被吸引過去。

這是一個專注力稀缺的時代。在網路的世界，大家總是同時開好多視窗，一心多用。短影音的流行，更讓孩子的專注力訓練成以秒為單位。

專注力如同肌肉，是需要鍛鍊的，如果孩子的專注力很短，那麼要求孩子專心坐著讀書一小時，他絕對做不到。如果孩子只能專注十分鐘，就從十分鐘開始要求起；等孩子能夠專注十分鐘，再慢慢增加專注的時間，一次多增加一點，例如從十分鐘變成十二分鐘、十五分鐘……讓專注力如同重訓肌肉般，慢慢被訓練起來。

網路是趨勢，也確實造成很多孩子的人際、情緒問題，更成為孩子逃難的安全之地。

可更重要的是，別把問題都歸因於網路，網路只是孩子遇到問題的一種顯現方式。這是一個好時機，讓我們發現孩子的問題，放下身段，好好理解孩子為什麼這麼需要網路，孩子匱乏的又是什麼。

孩子需要清楚的規範來幫助自己自律，家長和孩子可以共同制定網路使用規範，並貫徹實行。

面對轉型的挑戰④ PART 6

孩子的情緒風暴——焦慮、憂鬱、過動與自傷

理解孩子常見的心理疾病以及處理方式

Q29

孩子的心理生病了，該怎麼辦？

A

接納孩子的心理出狀況，並尋求專業的照顧和協助

憂鬱

少數孩子會在國小時確診憂鬱症，但到了國、高中，罹患憂鬱症的孩子比例就會大幅提升。憂鬱症除了心理因素之外，也可能受到生理因素影響，因為腦內的神經傳導物質，多巴胺、正腎上腺素、血清素分泌不平衡所致。生理跟心理會

互相影響，因此研究顯示，要治療憂鬱症，藥物治療合併心理諮商，是最有效的方式。

我看過許多孩子，其實已經罹患憂鬱症好幾年了，但當時自己不知道自己有憂鬱症，或者不敢讓家人知道，因此一直沒有就醫治療，獨自默默承受憂鬱症狀，真的很辛苦。

如果我們發現孩子變得很低潮、時常哭泣，或者老是很煩躁（青少年的憂鬱，有時候不是以低落情緒展現，而是以煩躁的方式呈現）；食欲下降到吃非常少或暴飲暴食；睡不著或睡到一半醒來，很難再睡回去；突然變得很敏感多心，時常負面解讀事情，把小事放大；甚至變得孤僻，外向的孩子卻說自己有社交恐懼而不去聚會……這些都可能是憂鬱症的徵兆，可以帶孩子去身心科讓醫生進一步診斷。

通常，身心科醫生不太願意輕易為孩子貼上憂鬱症的標籤，所以可能不會給明確的診斷；或是僅給出「情緒障礙」或「適應障礙」等比較廣泛的診斷，甚至沒有診斷病名。此時千萬別誤認孩子只是在演戲假裝憂鬱，畢竟診斷一個疾病需要長期觀察，若僅僅就診一兩次，或許醫生還很難給出非常明確的診斷。

帶孩子去看身心科醫生，重點不是確認孩子到底是不是假裝自己有憂鬱，而是為了讓孩子及時得到治療。即便最後醫生非常確信孩子沒有憂鬱，那麼，該做的事情是去了解，孩子為什麼要假裝自己有憂鬱？一個正常人是不需要演戲的，當孩子要演出某種疾病，背後一定有原因，這時候我們可以用前面第二章學到的「好奇探問」技巧，理解孩子為什麼需要演戲。

但在我的實務經驗中，我還沒遇過假裝自己有憂鬱症的孩子。我反而遇到許多明確罹患憂鬱症的患者，質疑自己其實沒有憂鬱症、其實自己只是在演戲、自己只是想要逃避。這真的是很讓人心疼的質疑。

如果一個孩子得癌症，經歷化療、沒有體力，所有人都會體諒關心他，覺得他小小年紀接受化療很辛苦，要他休學多休息。可是，憂鬱症不像癌症，沒有明確的身體病徵；憂鬱症患者的痛，身旁的人很容易不理解或忽視。當憂鬱來襲，他們會很沒體力、很低潮、對未來充滿悲觀的想法、想躲避人群。可是我們看不到他們生理、心理的不舒服，很容易覺得他們只是想偷懶、只是在逃避責任、只是自己想不開跟自己過意不去。於是，憂鬱症的孩子很難得到支持，反而得到許多責難。

我看過許多罹患憂鬱症的孩子，其實是過度努力的一群人，他們平常很難允許自己放鬆，只有在憂鬱來襲、癱瘓所有功能時，才會被迫停下來休息。可是當他們因為憂鬱無法上學、課業沒跟上，他們又會陷入更大的自我指責跟焦慮中，永遠困惑：自己現在是真的憂鬱發作才沒去上課，還是只是自己在偷懶？他們無法理所當然的當一個病人，好好養病，而是不斷經歷內在的自我質疑跟指責，讓人痛苦。

憂鬱症的治療是長期的，不僅要讓孩子得到專業的照護，也要協助家長理解如何跟憂鬱症的孩子相處。在此我不深談憂鬱症的治療，但強烈建議當發現孩子可能疑似憂鬱的時候，帶孩子去看身心科醫生，同時家長與孩子要一起進行心理諮商治療，與孩子一起度過難關。

焦慮

疫情期間，全世界籠罩在焦慮的氛圍中，更別提本來就有焦慮傾向的人，被誘發得更加焦慮。疫情，也讓人與人的連結，變得更加數位化。透過線上學習，孩子發現，原來過去在學校跟同學相處是這麼有壓力，疫情期間不用實際面對同學，一個人真好，什麼都不用擔心。疫情過後，無法適應實體上課的日子、抗拒上學的孩子比例大增。

有些焦慮的人，會在意物品擺放的位置；有些焦慮的人，會過度擔憂很多事情，需要極大的掌控感，藉著控制他人才能減緩自己的焦慮；有些焦慮的人，過度在意他人的眼光，覺得路人都在評價自己的穿著打扮與外表；也有些焦慮的人，對聲音異常敏感，明明家裡很安靜，卻會聽到水流經水管或馬路上車子的聲音，因此無法專注讀書或入眠。

焦慮會用非常多形式呈現。再加上身處網路時代，真實與虛擬的交錯影響人與人的互動，讓許多孩子愈用社群軟體愈焦慮，可是又無法停下來。

叫焦慮的人「不要焦慮」是最沒用的事情，他們理智上知道他們過度擔憂，但情緒上就是忍不住，因此，與其叫他們不要焦慮，不如協助他們調節情緒，把關注點從自己身上，轉移到對外連結的感官知覺。

例如，孩子常在快要考試的時候變得暴躁、緊張焦慮，很容易一言不合就吵起來。當家長發現孩子明顯焦慮時，可以引導他關注視覺、聽覺、嗅覺、味覺和觸覺。視覺的部分，可以詢問孩子此刻看到哪些東西？請他找出所有圓形的東西，或數現在有幾臺車經過等等；聽覺的部分，可以請孩子靜下來，仔細聽此刻屋內出現什麼聲音，或者放首喜歡的音樂；嗅覺的部分，可以聞精油、聞咖啡香；味覺的部分，可以吃個涼涼的口香糖；觸覺部分，可以將雙手握到最緊再放鬆，體驗身體緊跟鬆的感覺。

將關注焦點放在此時此刻的感官知覺，能有效幫助孩子調節焦慮情緒，破除過度關注自我內在狀態。

焦慮其實是一種保護機制，提醒自己要努力做些什麼，避免某些事情發生。但焦慮恐懼在想像中是最可怕的。恐懼在我們的想像中會被無限放大，而且在想像中，我們是沒有能力去應對的；我們也總是想像、固化自己失敗的圖像，卻缺乏機會去接觸、面對，累積成功因應的經驗，導致我們會花更多時間心力在焦慮，避免恐懼的事情發生。

事實上，在心理治療中，治療焦慮或恐懼的方法叫做「暴露治療」，也就是暴露在恐懼情境中，累積成功因應的經驗，才能克服恐懼。焦慮、強迫症與恐慌症其實是相似的系列疾病，通常藥物可以協助控制焦慮，後續想法的轉化，則需要靠心理諮商慢慢引導，但專業的治療是必須的。

過動

現在「過動」可能對大家來說，已經是個不陌生的名詞了。有許多孩子很早期就被診斷出過動症，但實務上，仍有一群為數不少的孩子——尤其是成績優異的孩子——明明有過動卻一直沒被發現。

過動分成「注意力不集中」跟「衝動控制困難」兩部分。通常衝動控制困難比較會被注意到，例如在班上常跟同學起衝突，很難克制自己情緒暴走；但注意力不集中，則很容易被忽略。

我遇到滿多成績優異的孩子，其實有注意力不集中的問題。他們或許天資聰穎，國小課業臨時抱佛腳也可以考得不錯，因此家長從沒發現孩子其實有專注困難的問題。可是到了國、高中，需要更多時間讀書的時候，「專注力困難」這個問題就會浮現，讓孩子很難靜下來讀書。

家長會發現孩子讀書好像很不專心，總是要開著音樂或螢幕，一邊聽／看一邊讀書。有些孩子會很健忘，例如連哪天要補考都忘記了；家長會很氣孩子怎麼可以活得這麼隨便不用心，交代孩子的事情，孩子也常常記不住。或是老師交代的字條，孩子常常只看一半，因此常為自己帶來麻煩。這時候，孩子需要身心科醫師開立藥物，協助孩子在讀書時更可以專注。

焦慮、憂鬱與過動，都是現在很常發生在孩子身上的疾病，也有些孩子有這樣的傾向，但還未達疾病的診斷標準。當孩子罹患這些疾病，家長需要對孩子的病症有正確的認識，才能用適合孩子的方式跟孩子相處，避免誤解孩子。

我曾遇過一位媽媽，不知道自己的孩子有專注困難的問題，非常氣憤孩子為什麼對生活這麼不用心，交代的事情總是不記得做；媽媽擔心孩子就要去外地念大學了，這樣的生活能力如何一個人生活？而孩子從媽媽眼中，感覺自己很糟糕、連小事都做不好，對自己充滿挫折。後來，當媽媽發現孩子其實有過動之後，媽媽較能理解孩子為何老是忘東忘西，孩子也較能理解自己為什麼常常連小事都做不好。在孩子服用協助專注的藥物後，媽媽跟孩子都覺得狀態有改善，親子之間緊繃的氛圍緩解很多。

對立，時常來自於不理解。不只家長無法理解孩子，孩子自己也無法理解自己怎麼「怪怪的」。把握時間尋求專業協助，就算覺得可能是自己多心也沒關係，寧願多心也不要延遲就醫。讓專業的醫生協助判斷，能讓親子少受很多苦。

注意孩子生理和心理的細微變化，理解孩子的異常是生病了而非故意製造麻煩。

Q30

孩子用「自傷」情勒家長

A

讓孩子學習在情緒失控前，用語言表達來跟家長協商

我去學校做自殺防治的演講，總是會聽到有老師家長詢問，孩子用傷害自己的方式威脅家長，獲得自己想要的，例如，家長要是逼孩子去上學，孩子就說要割腕。這該怎麼處理？

回答這個問題之前，我先說一個自己的故事。我的孩子在一歲十個月時，有一陣子會在大人沒有照他的意思做的時候，很生氣的抓自己的眼睛。其實，他更

想攻擊的是讓他生氣的對方，但他慢慢社會化了，知道不可以攻擊別人，所以轉而往內、攻擊自己。當他的情緒大到傷害自己時，大人著急了，就很容易順從他的心意。

我從中意識到：啊！我要在孩子願意好好跟我說的時候，跟他適度協商。而不是一直拒絕他，逼他到情緒失控時我才妥協，那麼孩子會從中學到：失控的情緒，是唯一能讓自己得償所願的方法。

回到一開始的問題：當孩子用揚言割腕自殺的方式，威脅家長聽命，該怎麼辦？這時候家長可以回顧，當孩子用說的方式提出需求的時候，家長是否能夠正視並回應孩子？還是我們永遠都在漠視、拒絕孩子，只有在他傷害自己的時候，我們才會正眼去理解他的需求？

「小孩子給小選擇，大孩子給大選擇」，在一定的規範內，提供給孩子選擇權，讓孩子經歷有能感，培養自主性。再小的孩子，都需要感覺自己是有權利、有力量，是可以在某些事上做選擇的。

不要逼迫孩子、讓他覺得非得要情緒失控了，才可以獲得他想要的。除了透過情緒來跟家長協商外，讓孩子學習在情緒失控前，用語言表達來跟家長協商。而家長，需要正視孩子提出的需求，好好跟孩子對話，給孩子協商的空間。

若孩子目前已經常用強烈情緒或自我傷害的方式威脅家長，例如，孩子不斷哭訴不想去上學、總是說肚子痛、頭痛等等，但做了身體檢查都沒事，此時，家長可能會覺得孩子在謊稱生病，不去上學只是為了在家上網，於是用盡一切方法逼迫孩子上學。沒想到孩子卻開始割腕、開始揚言要跳樓——自殘，最終成為孩子唯一能讓家長聽進去「我不要上學」的管道。

此刻，家長需要盡快求助專家，讓專家協助評估孩子的自殺意念，同時，請回到第二章所教「利用好奇且不帶評價的探問，找到孩子的困擾點」。當孩子狀況看起來愈糟、家長愈不知道該怎麼辦時，此刻愈不能急。切記，**解決問題之前，要先確認問題**。透過好奇且不帶評價的探問，了解對孩子到底遇到什麼困境，家長才會知道如何協助孩子。若家長急著解決問題，很容易會透過臆測，快速分析問題所在，並制定解決問題方案，但這往往只是在緩解家長自己的焦慮。對很多孩子來說，家長認為的問題點，根本不是孩子需要被幫忙的部分，也不是讓孩子陷入困境的問題點。

在了解孩子陷入困境的問題點在哪後，需運用第二章中教導的其他對話與互動的原則，進一步協助孩子。這部分請參考前幾章的內容。下一節，我們要探討的是，當孩子真的做出自傷的行為，甚至有輕生念頭時，父母如何及早發現孩子的異狀，並接住孩子的痛苦。

「小孩子給小選擇，大孩子給大選擇」，在一定的規範內，提供孩子選擇權。

Q31

如何覺察孩子的異狀，及時接住求救訊號？

A

當家長感覺孩子行為異常的時候，請直球對決的詢問孩子

自我傷害的孩子比我們所想的還要多。許多家長以為這個問題或許等到孩子上國中才比較需要擔心。錯！無論是我的諮商經驗，或國小老師分享的經驗，都一致發現，現在從國小就開始傷害自己的孩子愈來愈多。我遇到很多孩子從小二開始傷害自己（也遇過幼兒園就有自殺意念的孩子），而且是嚴重的傷害自己，例如割腕是最大宗，想要跳樓的也很多，也有些想上吊、讓車撞、咬舌、頭撞牆

等等。

為什麼孩子要傷害自己呢？許多孩子一開始傷害自己的時候，目的並不是為了結束生命，而是內在有太多情緒，不知道如何處理這些情緒。孩子明明很怕痛，卻在情緒很大的時候發現，拿刀割自己，看著血流出來，會讓自己比較冷靜。於是，割腕成了孩子紓發情緒的一種方法。也有些孩子之所以傷害自己，是為了自我懲罰，例如考不好，覺得自己太糟糕了，不配活在這世界上，因此藉由傷害自己的方式處罰自己。

會傷害自己的孩子，活在痛苦中。傷害自己，是他們丟出的求救訊號。他們不是逃避懦弱、不是刻意情緒勒索身邊大人，而是太痛苦了，也不知道怎麼說出口，只能用傷害自己的方式來宣洩情緒。

有時候，孩子真的好想死。因為太痛苦了，不知道怎麼做，才可以不那麼痛苦。死亡，似乎是唯一解脫的方法。

可是！一個人的力量真的有限啊。當一個人好無助、好絕望的時候，需要身邊有人陪伴自己，或許是幫自己一起想方法。或許困境是無法解決的，但只要有人見證自己的痛苦，陪著自己，就有機會勉強度過那些艱難的時光——活著，終有一天，會見到曙光的。

我也要提醒，自殺的人不一定有憂鬱症，有憂鬱症的人也不一定都會自殺，但兩者間約有百分之七十的重疊。可是，孩子不太會主動告訴父母老師自己想要自殺。那麼，父母師長該如何主動覺察孩子的異狀，及時接住孩子的求救訊號，避免憾事發生呢？

可以觀察孩子有沒有暴飲暴食或不吃、把喜歡的東西送人、說一些道別的話、失眠、煩躁、暴怒、不去上學、隱約透露他的情緒很不好、常跟爸媽吵架等等。或是行為反常，例如本來很注重課業卻突然放棄、莫名大哭，或是關在房間上網、玩電動到爬不起來去上課。要特別提醒的是，在許多案例中，家長常覺得孩子是因為網路成癮才引發情緒問題，但孩子其實是因為不知如何解決情緒問題才逃離到網路，導致網路問題成為親子衝突的一大根源。

當家長感覺孩子有事、行為異常的時候，別拐彎抹角的問。大人拐彎抹角的問，孩子也容易拐彎抹角的回答，這會造成無法及時協助孩子。

直接直球對決的詢問孩子：**我注意到你……**（例如最近常失眠、常請假不上學。）**你發生什麼事了？**（別問「你還好嗎」，孩子絕對會回答「還好」，然後對話就結束了。）**爸媽問你不是要罵你，是真的很擔心你，想幫忙你，不希望你一個人獨自承擔。爸媽跟你一起想辦法好嗎？**（讓孩子知道，爸媽詢問的目的是關心孩子，而非要對孩子說教。）

接著，無論孩子回答什麼，一定對孩子問出這句話：「**你有想自殺的念頭嗎？**」很少人敢直接問孩子這句話，就連已經看到孩子割腕的痕跡了，也不知道該如何詢問，只好視而不見。其實孩子一直在等人問；孩子不敢主動說，但只要說出口，孩子就會感覺鬆了一口氣。切記，自殺跟網路成癮一樣，是表面議題，重點是深入了解孩子的痛苦在哪裡。痛苦或許無法解決，但孩子需要自己的痛苦被理解、被見證、被陪伴。

我在諮商中，只要看到眼前的孩子遇到某些困境，我就會問出「你有想要自殺嗎」這句話，即便孩子完全沒在話語中透露出任何自殺的想法。但幾乎七成以上的孩子，會告訴我，他其實想過離開這個世界。萬一孩子告訴父母想自殺，該怎麼辦？我會在下一節分享幾個關鍵重點。

傷害自己的孩子，其實在丟出求救訊號：「我不好，我有心事，但我不知道怎麼說，拜託誰注意到我，快來幫助我。」

Q32

孩子想尋短，我該怎麼辦？

A

不否定孩子的情緒，並看見孩子為了活下來所做的努力

當孩子對父母表示自己有尋短的念頭，以下有幾個必問的關鍵問題，以及互動的重點。

一、評估危機程度：

了解孩子是只有自殺的想法，還是已經規劃好怎麼死，又或者其實過去已經

嘗試過自殺了。如果孩子說他只是想過自殺，但他知道這是不可以的，也不會真的去做，那就相對安全，但仍需多關心孩子。如果孩子已經上網查過自殺資料，還說得出各種死法的利弊得失，那離自殺又更進一步了。如果孩子過去曾執行過自殺行為，只是沒死成，那就更危險！因為自殺會進化——之前自殺沒致死，孩子會進一步研究如何才能夠致死，下次執行自殺的時候，死亡的機率會增加。

二、詢問孩子想怎麼死

很多人怕問孩子想怎麼死，好像在協助他研擬自殺計畫。不，就算你不問，孩子也會自己查資料尋找自殺的方法。我們大人要知道孩子打算怎麼死，才能夠在孩子失去理智一味想死的時候阻止孩子。例如當我們得知孩子每次傷害自己的時候都是因為成績問題。當段考結束，考卷發下來的那段時間，我們就要特別注意孩子的狀態，如果孩子那時候狀況比較不穩定，切記不可以讓他單獨一人，要有人看著孩子。那段時間孩子如果上課到一半說要去廁所，也不可以讓他單獨行動，孩子可能上課上到一半就跑去跳樓了。如果真的不幸，孩子上課到一半跑出教室失蹤了，我們也才知道要去哪裡找人，因為我們之前問過孩子打算在哪裡、用什麼方式自殺，所以我們較有機會找到孩子。

三、詢問孩子曾嘗試自殺嗎？為什麼後來沒做？

了解孩子過去是否有自殺行動。前面提過自殺是會進化的，過去曾有自殺行動，如果此刻孩子又有自殺念頭，他的死亡率是會提升的。另外，了解孩子當初為什麼想自殺但後來沒有執行，也很重要，這樣我們才知道，在生死關頭，讓孩子決定繼續留在人間、接受苦痛的關鍵人事物是什麼。例如孩子說他在跳樓前想到爸媽，「如果我死了，爸媽會痛不欲生，所以我為了他們活下來。」那我們就會知道，父母是孩子留下來的關鍵人物。當孩子狀況不好的時候，更需要父母這個關鍵因素來拉回孩子，繼續留在人間。

但也有孩子跟我說，他想自殺的時候，想到輪迴的概念，害怕死了不但無法解脫，還要不斷在痛苦中輪迴，所以才沒自殺，而通常這樣想的孩子是在有理智的時候。但是當情緒一來、孩子衝動的想自殺時，抽象的輪迴概念是無法留住孩子的，這樣的孩子的危險程度就會比較高。因為當孩子真的非常痛苦、情緒很激烈，才不會想到輪迴這麼遠的事情；他此刻一心就想結束痛苦，也沒有真實的他人留住孩子，自殺，就很有可能會真的發生。

四、有誰知道孩子想自殺？

愈多人知道孩子的狀況，孩子的支持系統會愈多；當孩子狀況不穩，愈多人察覺孩子不對勁，接住孩子墜落的網子會編織得愈牢固。如果沒人知道孩子想自殺，除了來不及在孩子不穩定時派人陪著看顧孩子、避免讓他單獨行動外，孩子也沒有傾訴的對象，很多煩惱悶在心裡，得不到外界的資源跟幫助。

五、要讓學校導師知道嗎？

這點可以和孩子討論。有時候孩子有他的考量，並不想讓導師知道。但如果孩子自殺的原因是跟學校、課業、同儕有關，那麼學校環境很可能會成為孩子強烈的情緒刺激，即便沒讓導師知道，建議也需要讓輔導老師知道，這樣當孩子的情緒出狀況的時候，孩子才能夠去尋求輔導老師的協助。當然，最理想的狀態是讓導師也知道此事，畢竟導師跟孩子最密切相處，若有導師協助，在各方面都會方便很多。

但若要告訴學校老師，家長需要獲得孩子同意，並且清楚讓孩子知道在什麼時候會告訴哪些老師、會說些什麼內容，這樣孩子才有安全感，不然孩子會很不安，不知道哪些老師知道，哪些老師不知道，也不知道老師知道什麼內容，會怎樣看待自己。總之，自殺不是避諱的話題，大方討論，孩子會感受到，家長是能夠承接這件事的。同時，尋求學校輔導老師或校外心理師的專業協助，也是非常重要的。

六、看到孩子想死跟想活的掙扎

想自殺的孩子，我們很容易只看到他的問題面，但其實孩子在充滿問題的狀態下，也做了很多值得被看到的努力，這些努力卻很容易被大人忽視，連孩子也很容易忽視自己的努力，陷入自我挫敗中，總是看到糟糕或失敗的結局，覺得自己的努力都白費。因此，大人先去看到孩子做了哪些努力、肯定這些努力，對孩子來說是非常有意義的。

在我臨床經驗中，沒有一個孩子是一心一意想死的，再怎麼想死的孩子，內在都有兩個聲音在掙扎：一個聲音很努力的想辦法幫自己在痛苦中活下來，另一個聲音則是好想結束一切來終結痛苦。大部分的人只看到孩子想死的一面，就對孩子說教，認為他怎麼可以不珍惜生命；**卻沒看到，一個多次自殺的孩子，其實一整年中，大部分的日子都是在痛苦絕望中試圖幫自己活下來**。

我們可以怎麼做？從孩子過去成功幫助自己活下來的經驗，尋找可以再次幫助孩子的方法，例如詢問孩子：「你是怎麼辦到的？在這麼多痛苦絕望的日子中，你怎麼努力幫自己活下來，沒有做出結束生命的舉動？」孩子已經有某些方法，多次成功幫助自己度過一次次想要自殺的時刻，而這些方法，需要被討論、被察覺，成為危急時刻拯救孩子的法寶。

七、別怕打破祕密

孩子通常希望知情者不要再告訴其他人他想自殺的事情。但若主要照顧者、導師、輔導老師知道孩子的狀況，對孩子來說，資源會比較多。

事實上，刻意打破目前系統的平衡，讓系統增加更多支援的力量，反而是對孩子有幫助的。畢竟身處舊有的封閉系統內，孩子是感到無能為力跟絕望的。但是切記，要跟哪些人說、要說什麼內容、什麼時候說，這些都要明確的跟孩子討論。

要記住，當未成年的孩子想自殺，在法律上法定代理人是一定要被通知的；因此是否告訴法定代理人，不是一個選擇，而是必須。如果孩子不想告訴父母，可以詢問孩子擔憂的是什麼？

例如我遇過孩子不想告訴父母，是因為怕父母知道後，告訴孩子要想開點、不要這麼負能量，這些話對孩子來說是二次傷害。於是當我通報父母的時候，我會提醒父母不要說哪些話，以及可以怎麼回應孩子，讓孩子感受到父母的支持跟愛，而不是再次受到傷害。

八、平時別對想自殺的人給予負面評價

有沒有想過，為什麼當孩子想死的時候，孩子願意讓某些人知道，卻不願意另一些人知道？

其實孩子平常都在觀察，哪些人是可以承接、理解自己的情緒的。我最常遇到孩子說：「之前爸爸看新聞的時候，說那些想自殺的人很不應該！他們很懦弱，只是在逃避。」因此當孩子想自殺的時候，只願意告訴媽媽，但不願意告訴爸爸，因為認為爸爸會對自己有負面評價。我們永遠不知道自己的孩子哪天會罹

患心理疾病或想自殺，當我們在評價這類新聞事件的時候，要先設身處地想一下，如果我們的孩子就是當事人，我們會怎麼看待這件事。記得，我們的目的是期待當孩子有狀況的時候願意跟我們說，因此當我們看到類似事件時，我們所說的評論，要讓孩子感受到，如果孩子遇到一樣的狀況，家長是很願意跟孩子一起面對的。

九、如何回應想自殺的孩子？

很多父母師長不知道如何回應想自殺的孩子，於是會進行一連串的說教，例如生命很可貴啦、不要想死啦、自殺不能解決問題啦等等。這些說教的話，就是要吞下去、不要說出來的話！

這些道理，孩子當然都懂，也早就對自己說過無數遍了，但人在痛苦的時候，是情緒而非理智在主導決策，因此這些說教的話，完全無法在關鍵危急時刻派上用場。

我認為當家長得知自己的孩子想自殺，肯定會很震驚難過，但否定孩子的情緒，要孩子別悲觀負面，並不能真的幫助到孩子。反而，孩子需要家長願意接納他的負面情緒。

其實在心理學的觀點中，我們並不認為情緒有所謂正向或負向之分，所有的情緒都有優缺點，也都有它的功能。

允許孩子失落、悲傷，並多傾聽，少評價，努力去理解對孩子來說，生不如死，比地獄還苦。當孩子努力幫自己活下來，告訴孩子你看到他的辛苦和努力。要死要有很大的勇氣，沒有一個孩子會輕易放棄自己的生命；一個再怎麼想死的孩子，生前絕對默默努力做了很多讓自己活下來的行為，他的努力需要被看見。

正視孩子的痛苦，允許孩子痛苦，陪孩子待在痛苦中。不要否認、漠視這些痛苦。自殺是表面議題，善用前面學到的溝通技巧，深入了解孩子真正的痛苦到底是什麼。

再次強調，當孩子痛苦到想死，就需要專業的協助，請務必找學校輔導老師或校外的心理師。如果有金錢上的考量，各地衛生局都有提供免費諮商的名額，請多加善用。

孩子想自殺，通常是表面議題，家長需要直截了當的與孩子討論，找出根源問題，及時接住孩子。

疏導轉型的卡關 PART 7

當孩子轉型遇到難關——拒學

孩子拒學的原因，以及大人可以提供的協助

Q33

孩子想要請假、拒絕去上學

A

先釐清孩子把自己關在家的原因，別急著要他回到校園

自傷跟拒學，是家長最願意花錢讓孩子接受諮商治療的兩大議題。自傷議題是擔心孩子想不開，失去生命。拒學，則擔憂孩子未來的人生該怎麼辦？難道永遠關在家裡靠爸媽養嗎？可是爸媽也沒有有錢到讓孩子下半輩子無憂，如果爸媽走了，孩子該怎麼辦？近年來，我在諮商實務中，遇到愈來愈多孩子產生拒學的狀況，尤其是疫情過後，許多老師不約而同反映，學生長期請病假、無法回歸校

園的問題。以下將特別針對拒學的一些迷思以及處遇做說明。

拒學的定義

以前，拒學分為兩類，一類是「懼學」，意指害怕上學；一類是「逃學」，逃離學校，加入幫派。對家長來說，逃學可能比較嚴重，畢竟孩子跑出去外面混，不知道會出什麼事，相較之下，懼學的孩子大多躲在家中不外出，雖然整天滑手機用電腦也不太好，但至少孩子在我們眼皮子底下，感覺相對安全。

但從心理健康的角度來看，逃學的孩子加入幫派，面對大量且複雜的人事物，他必須維持社交技巧，對世界也有一定的參與感。而懼學的孩子成天躲在家裡，到後來變得對人群恐懼，連出去買個飯都有困難；害怕與陌生人交談，物欲變得非常低，錢花得很少，但相對也活得非常封閉。即便有一起打遊戲的網友，但很多孩子只會跟網友聊遊戲的事情，其他私人的事情一概不會透露；孩子與世界的隔閡好大。更別說跟家人的關係變得很糟糕，家人看到孩子這樣，一定也很著急，想拉孩子一把，但孩子卻覺得壓力大，每次一討論，就是吵架。久而久之，孩子也故意躲著家人，沒人理解孩子內在世界到底發生什麼事情。

疫情後的拒學風潮

疫情過後，懼學的孩子激增。許多孩子因為線上學習期間，開著網頁但實際上無心上課，課程進度落後很多，無法回到實體學校上課。尤其回到學校後又得開始考試了，考試就是證明成績的時刻，許多原本成績好的孩子，為了避免考試成績變差，寧願選擇不去學校上課、不考試，避免最害怕的事情發生。

也有些孩子，在疫情期間與同學在網路上發生嫌隙，例如最好的朋友莫名封鎖自己，自己卻不知道發生什麼事情，回到學校實體上課，不知道如何再面對好友。見到好友就尷尬，還要裝沒事，但心裡知道彼此的關係早就變質了。人際關係讓自己心累，但考慮到都快畢業了，也懶得再結交新朋友，擔心又會再度受傷。於是在學校期間獨來獨往，還要假裝自己不在乎、假裝自己就是喜歡獨處；接著開始三天兩頭以身體不舒服為由請假，然後，愈來愈頻繁請假。

還有些孩子，其實對於社交一直是有壓力的。要看人臉色；小團體間有兩位成員吵架，還要選邊站，也怕一個不小心說錯話就變成兩方人馬在網路開戰；要小心不要當邊緣人，也要小心不要太出鋒頭被討厭；如果不小心被選上幹部，尤其被選上風紀股長或班長，還要能夠黑白通吃，稍微管得了秩序，又不會被反彈排擠。這多難啊！從小到大，孩子一直覺得跟同儕相處是很有壓力的事情，可是因為必須上學，所以習慣了這種壓力。但自從疫情期間體驗在家線上學習的經驗後，覺得一個人好輕鬆，做自己喜歡的事、讀好自己的書就好，不用再去管那些複雜的人際關係，有多好！於是，心裡千百個抗拒要再回到學校上課。

這些孩子，都是「懼學」的孩子，學校跟某種不快樂的因子連結在一起（例如跟同學相處壓力好大、考試成績不好而不想面對承認），而每次去學校都是加強這不快樂的連結，於是開始對「要不要去學校」產生糾結，開始逃避去學校，從「懼學（害怕上學）」轉而「拒學（拒絕上學）」。可是愈不去上學，對於學校的恐懼跟排斥就愈大，負面連結愈來愈強，更加抗拒上學。

這就是為什麼有些孩子說不清為什麼不想去學校的原因。孩子可能同時因為人際和成績而不想去學校，但當人際問題解決了，學校也考完試了，孩子仍非常抗拒去學校，因為對學校已經有太深的負面情緒連結了。一到學校場域，就激發過往恐懼、害怕、不舒服的感受，而這些很容易用身體病徵展現，例如肚子痛、頭痛、頭暈等等；透過身體不舒服，幫助自己逃離學校，回家休息。

本書中提到的拒學，皆專指「懼學」的這群人。許多極端懼學的孩子，無法再次回歸社會，既不上學，也不工作，甚至連三餐也無法外出購買，成為「繭居族」。這樣的孩子不只繭居在家中，連家裡的客廳也很少去，只繭居在自己的房間；在家裡像幽靈般生活，防衛心很重、脾氣火爆，跟家人說個兩三句話就大吵，家人也不知道該如何跟他們對話，最後也只好隱忍接受他們這樣的狀態。

為什麼孩子會拒學？

孩子拒學，是因為現實世界（學校）充滿壓力。孩子一定努力過，可是再也撐不住了、崩潰了，沒有力量再去面對、挑戰現實世界了，所以他們只能像鴕鳥般，把頭埋入沙子（網路世界）裡，逃進另一個虛假但有安全感的世界，假裝所有問題都不存在。對孩子來說世界是很小的，學校就是孩子的全世界，當在學校產生適應上的困難，再怎麼努力也無法改善，孩子會痛苦到好想結束生命。因此許多拒學的孩子，其實伴隨大量、反覆的自傷想法甚至實際行動。躲到虛擬的網路裡，是孩子給自己的最後一根救命繩，至少在這個充滿假象的世界中，他能騙自己、讓自己勉強存活。但孩子心底也知道自己只是在逃避、拖延、騙自己，也會擔心自己的一生毀了該怎麼辦。因此，拒學的孩子表面看來成天上網、打電動，過得好像很愜意，可是他們內在的折磨跟煎熬，是常人無法想像的；那是地獄般的日子。

我遇到許多孩子，是因為**課業問題**而長期拒學。這些孩子從小成績優異，成績變成孩子自我認同的唯一來源。可是當上了國、高中，開始慢慢意識到自己讀書讀得愈來愈吃力，名次開始往後退；對許多從沒體驗過「輸」的孩子來說，這種感覺是非常恐怖的。為了避免輸成為事實，孩子寧願逃避上學、逃避考試，不讓成績證明自己的價值。可是孩子的內心又非常在意成績，愈不去上學，進度愈落後、愈追不上同學，恐懼愈來愈大，輸就變成鐵錚錚的事實。進度落後這麼多，也不知道該怎麼追上，開始一想到要讀書就淚流滿面，充滿焦慮恐慌；於是覺得自己差勁無比，逃避到網路世界，同時開始想要傷害自己、離開世界。孩子好希望自己能夠成績優異，但自己現在不但不再優異，還比班上成績差的同學落後，這叫孩子如何能夠接受。

也有些孩子，課業成績不見得優異，但內心是很在意課業的。例如小栗在國小、國中時的成績都不錯，上了明星高中後，第一次段考發現自己考倒數前三名。當時，小栗就放棄學習了。他知道身邊的同學都是天才、強者，自己怎麼努力，結果還是這麼差，那何必要努力，顯得自己好傻。小栗很在意成績，但他從此不在別人面前讀書，因為他覺得要是別人看到他讀了書還考這麼爛，實在太丟人。因此小栗去學校都在睡覺，回家上網打電動，假日更是打整天，幾乎不碰課業。到了高三，學校考試慢慢變多，幾乎每天都有考試，小栗再也忍不住了！長久以來，他努力逼自己去上學，實在不知道為什麼還要再繼續逼自己去學校——去學校只是不斷驗證自己有多廢，還要假裝不在乎。小栗再也不想忍了，反正自己的一生都廢了，那就廢了吧！從此小栗關在房間打電動，要是爸媽逼他去學校，小栗就揚言要自殺，事實上，小栗也真的多次企圖自殺、進出醫院急診室過。對小栗來說，去學校真的會讓他痛苦到想自殺。

真的能不在意成績嗎？

為什麼孩子會這麼在意成績？當然是學習而來的。有些家庭真的不在意孩子的成績，但孩子在社會化的過程中，很清楚的意識到這個社會重視好成績、重視好成就。可是孩子為什麼願意為了好成績，拚上自己的性命？我們都知道，要做到「不錯」，或許付出一點努力就可以；但要做到頂尖，要努力到幾乎沒有生活品質可言。但為什麼孩子為了贏得那一兩分、為了成為頂尖，願意拚上自己的性命、犧牲所有生活品質去努力爭取？

很多時候來自於匱乏。或許孩子對於父母的愛感到匱乏，透過這樣的方式，吸引父母注意。也或許孩子對自我價值感到匱乏，透過好成績，幫自我鍍上一層金。當某一天，孩子無法再用好成績維護自己想守護的事物時，孩子得面對內在那空虛、匱乏的自己——這就是孩子一直想逃離，不願去看到也不知道如何面對的一部分。

這類的孩子，需要透過諮商，更深層的認識、探索、重新建構匱乏的自我。

也有一類孩子，之所以在意成績，是因為父母很在意成績。很多家長從小的生長歷程，是活在成績至上的價值觀中。當了父母之後，雖然不斷提醒自己不要過度在意成績，可是當我們在幫孩子抉擇學區、考慮要不要讓孩子補習的時候，我們真的能抵抗那些落後人的焦慮，不去在意孩子的成績嗎？而孩子會感受到父母內在深層的焦慮，即便父母嘴上說不在意，孩子心中是雪亮的，孩子知道父母其實是在意的。

我來舉個自己的例子。我是在競爭環境中長大的。我知道人生只剩下讀書有多不快樂。生小孩前，我認為我可以放過我的孩子，不過度在意他的成績；但生小孩後，我開始煩惱學區。我們都知道，教育與學歷，跟金錢絕對成正相關；錢砸得愈多，就能讓孩子站在比較前面的起跑點。於是，我成為半吊子媽媽：理智上告訴自己要放過孩子的成績，但實際上做不到。

我在諮商現場遇到過許多這樣的媽媽。這似乎是這個年代的通病——因為童年時期受過成績之苦，決心不要這樣對待孩子，但卻根深蒂固的認為「唯有讀書高」、「不會讀書，未來堪憂」。孩子們因而感受到矛盾的訊息：「我爸媽明明很在意成績，逢年過節聚會總是在比小孩的名次。」「爸媽說不在意，卻總是稱讚親戚小孩書讀得很好、很厲害。」「爸媽覺得成績好的同學才是值得深交的朋友。」「爸媽比我還清楚同學們的名次。」

孩子的心是雪亮的。身為孩子，總能從許多細微之處，探尋父母真正的意圖。試想，一個說不在意孩子成績的父母，從小為了孩子的學區買房、總是拚命想辦法讓孩子讀名校、甚至將孩子送出國；犧牲所有的生活品質，把所有的資源都投入孩子的教育，結果孩子最後找了份不用學歷的工作，拿著低薪，父母真能接受嗎?孩子自己能接受嗎?孩子的同儕，各個人中龍鳳，又會怎麼看待他?

無論是父母，又或是孩子本身，要不受到社會評價的影響，實在太難了。在這個大系統的社會框架中，就算父母真的不在意成績，孩子也會從老師同學身上，認知到成績代表著社會排名。

我看過許多資優生最後過得好憂鬱。進入頂尖的學校，卻成為不再頂尖的學生；而且，拚命努力，最終只發現自己的智商不如人。當他們不能名列前茅，唯一擅長的都不會了，自己還剩下什麼?輸是多麼可怕的一件事。明明是耀眼的星星，卻因為喪失自信，覺得自己是垃圾。

從他們的故事中，我真的認知到，成績是一時的，但對自己保有自信卻是最困難的。當孩子的能力確實沒這麼好的時候，父母能欣賞孩子，看見孩子的優勢，信任孩子未來能找到自己的一片天；不焦急的等待著孩子，給孩子空間探索……這對父母來說，確實煎熬。身為父母，總是在各種拉扯中度過吧！想要孩子快樂成長，又怕害他失去競爭力。

我曾問一個專門訓練老師、校長的教授，到底要怎麼幫孩子選擇學校？他說，去哪間學校都好，孩子長大了也會自己選擇要念什麼學校。他說他的孩子私立、公立學校都念過，最大差別是，讀私立學校，孩子有機會跟同學比較，就會知道自己家裡有多窮（笑）。其實，遇到好老師，比進入好學校重要。但遇到好老師真的是機緣。

也是，這是孩子自己的人生，如果能放寬心，就提醒自己不要過度焦慮；如果無法真的放寬心，就承認自己是半吊子父母，想不在意孩子的成績但是實際上做不到，接受孩子指正父母的不一致，與孩子磨合出一個平衡的共識。

孩子不想上學的前兆

若孩子有以下的行為，就有可能是拒學的徵兆：上學遲到早退；常常上課到一半說身體不舒服而想要請假回家；晚上很晚睡，早上起不來上課；開始探討讀書的意義到底是什麼（大部分學生都不知道讀書的意義，但還是去上學。為什麼孩子過去不知道讀書的意義但還願意去上學，現在卻突然因為找不到讀書的意義而堅決不上學？這就是需要進一步好奇的探問之處）；穿好學校制服和鞋子卻又躺回床上；總是找藉口不去學校；被逼著去學校就有很大情緒甚至以死威脅；看到書就一直哭；跟班上同學幾乎沒聯繫；假日看起來心情狀態都很好，禮拜天晚上就開始低落憂鬱，疑似有星期一症候群等等。

拒學的孩子為何會有日夜顛倒的作息

以下是孩子想上學又無法踏出家門的惡性循環：孩子無法到學校去，因此請假在家。請假休養過後，孩子恢復元氣，又想挑戰回歸學校，但到了晚上睡前、早上起床的時候，心情又開始動搖，想著「真的要去學校嗎？」穿了制服和鞋子，最後還是出不了門，只好又跑回去睡覺，想要忘記一切。等睡飽了、請假夠多天了，又想再次挑戰去學校，但隨著時間漸漸逼近，心情又動搖放棄……就這樣不斷惡性循環，最後形成一個信念：我沒辦法去學校，我好怕上學！就這樣，孩子對上學產生恐懼症了。

可是，**我們的社會，不容許一個學生白天待在學校以外的地方**。孩子好努力想挑戰上學，用三個鬧鐘把自己叫醒，可是就算穿上鞋子還是出不了門。在家又混了一點時間，想出門買個早午餐吃，早餐店阿姨、路人卻投來異樣眼光，詢問孩子為什麼沒去上學，然後不斷說教上學有多重要……時間久了，孩子當然不想外出，白天只能躲在家裡。但家裡也很無聊，就算上網打遊戲，網友也是放學或下班後才有時間一起打，於是孩子白天只能睡覺打發時間，晚上再熬夜打遊戲。

因此，孩子不是網路成癮、熬夜打遊戲，所以起不來上課。孩子是白天不想去上課，但是太無聊，只好作息日夜顛倒，晚上熬夜打遊戲！別再把一切問題推到網路成癮上了！如果真的想幫助孩子，就要運用「好奇的探問」，了解孩子拒學的癥結點在哪裡。

孩子在家其實一點也不好，家長必問孩子有沒有想傷害自己的念頭

孩子不去學校上課，通常就是待在家裡上網一整天，說真的，家長要管也有心無力，因為家長也要上班，無法一直監看孩子。況且孩子也長大了，無法硬逼也很難管住。我曾遇過家長問我，他的孩子真的有問題嗎？因為他回家看到孩子看了整天的影片，笑得好開心，疑惑孩子哪裡有問題了，「他只是想當米蟲、待

在家被養吧。」家長看到孩子一副不關己事的樣子就很氣。

可是，諮商時孩子告訴我，他那天其實超級想自殺。他連遺書都寫好了，也想好要在哪裡、用什麼方式自殺。但他知道自己不可以自殺，所以他用好笑的影片麻痺自己。孩子說，不去上學、在家無所事事的日子是最痛苦的，他覺得自己好廢、覺得對不起爸媽、覺得很有罪惡感，想做點事可是又提不起勁；每天好努力想去學校，可是穿上鞋子還是踏不出家門，只好又躺回床上，睡到下午。

當一個孩子把自己關在家，可以想成他自我軟禁。孩子內心深處知道自己脫離常軌，同時也會感到迷惘，擔憂自己的未來。我們大人有多少情緒，孩子本人的情緒絕對更多。比起要孩子回歸常軌，更需要先幫孩子活命。

當孩子拒學是因為無法承受課業壓力，
以及爸媽對成績的期待，因而想要逃避或傷害自己。
家長不應要求孩子馬上回歸校園，而是先幫助孩子活下來。

Q34

如何幫助拒學的孩子與外界連結？

A

先給孩子逃避外界的空間，等他有安全感了，再慢慢探討他遇到的困難

當孩子拒學，頻繁的要求家長幫忙向學校請假，家長應該怎麼做？家長可能會擔心，如果幫孩子請假，會不會讓孩子養成逃避的習慣，只要不想面對就不去學校？如果孩子只是遇到一點小問題而想逃避，不讓孩子請假，確實可以稍微推孩子一把，讓他學習去面對難題；當難題解決了，孩子也會對自己產生更多自信。

但如果家長不讓孩子請假，孩子變得歇斯底里、大吼大叫，甚至割腕自殘，

這時候，代表學校對孩子來說不是小問題，而是困難大到孩子無法面對處理。他真的需要一個安全的世界緩和自己的心情。

在這樣情況下，**會建議幫孩子請假**。當孩子對學校充滿抗拒、恐懼，一心只想逃避，如果家長一味逼孩子去上學，孩子會把所有的力氣都放在如何幫自己成功逃離，反而沒有心力去探究自己到底怎麼了、為什麼無法去上學；孩子把力氣用錯地方，錯失幫助自己的機會。

我們需要先給孩子逃避的空間，讓他冷靜下來，等他有安全感了，會慢慢再嘗試踏入世界、迎接挑戰的。這時候，孩子非常需要家長陪著一起出謀畫策。

因此，幫孩子請假、給孩子逃的空間，是為了幫孩子積累能量，同時維持住親子關係。千萬別在前期就把親子關係毀壞；等到後期孩子逃夠了、想奮力一搏的時候，沒有家長可以依靠討論，孩子自己默默努力又失敗，最後放棄自我，可是家長從頭到尾都不知道孩子原來有站起來努力過，更用責備、失望的眼光望向孩子，那就很可惜了。因此，要明確告訴孩子可以請假、家長允許他請假。讓孩子不用每天活在恐懼掙扎中，擔心今天不能請假，於是想要藉著把自己弄得很糟糕，讓自己成功請假。

我們要幫助孩子探索他遇到的問題，別把精力消耗在是否請假的無意義爭執中。在這種情況下，孩子就算去學校也都在睡覺，去學校是沒有意義、達不到學習的功效，又何必逼孩子上學呢？

當然，家長也要聯繫導師，告知導師孩子的狀況，取得共識，在孩子穩定之前先幫孩子請病假。先讓請假這件事變得明確而且容易，讓孩子心裡知道他可以逃，孩子才會降低戒心、增加安全感，進而慢慢探討自己到底遇到什麼樣的困難。

拒學期間應該給孩子零用錢，刺激他與社會連結

很多家長擔心，家長在孩子拒學期間還給他錢，孩子會不會覺得有人養他，當個米蟲也沒差？日本專門研究繭居族的心理學家建議，家長可以開宗明義的跟

孩子討論家產有多少。有些孩子意識到家長真的沒辦法養他一輩子，會開始為自己的未來做打算。或許家長有疑惑：如果家裡很有錢，真的可以養孩子一輩子怎麼辦呢？不怎麼辦啊！家裡有錢的孩子知道不需要工作也能在經濟上無虞，但不代表躲在房間整天上網的生活對孩子來說是愉快的。

家長要記住，孩子把自己關在家裡整天上網，一點也不開心；沒有人會希望自己整天混時間過日子，許多孩子同時罹患心理疾病，覺得活著找不到意義跟價值，那是很痛苦的！只是，現實讓孩子難以面對，躲入網路世界可以麻痺自己；跟現實脫節愈久，孩子愈不知道該如何回到真實世界，變得愈依賴網路，同時，深刻的痛苦著、不知所措著。

金錢，是跟現實社會連結的形式之一。因此我會建議在孩子拒學期間，要定時定量給他零用錢。拒學，最怕的就是失去跟世界的連結，自我封閉。孩子可以不喜歡讀書，可是要跟世界連結，才有機會找到自己的天賦，找到自我價值跟意義感，找到生活熱忱跟重心，再次回歸世界。

物欲就是一種社會連結。給孩子足夠的零用錢，金額必須固定，跟孩子一起討論出來給多少。物欲，來自於社會比較，看別人有，我也想要有；我不想要的，別人要，就捨不得丟掉。刺激孩子的物欲，是為了促使他們以購物消費的方式參與社會。研究指出，對繭居族來說，這是與社會接軌的管道。同理，如果孩子待在家裡都在看影片，那他跟社會連結相對少；但如果孩子是上網找人組隊打遊戲，相對社會連結多，網路這時候做為回到社會的窗口，是有幫助的。

如果孩子願意去外面上才藝課，例如學習街舞、日文、彩妝等課程都很好，增加愈多跟社會的連結，對孩子會愈有幫助。

幫助拒學的孩子維持正常作息，找回孩子對生活的掌控力

在孩子拒學初期，如果家長跟孩子雙方可以好好坐下來聊聊，那當然很好。但如果彼此對於這件事都還在情緒中，家長很擔憂焦慮、甚至夫妻間彼此責怪互

罵、孩子也顯得防衛心很強，禁止家人問起任何有關學校課業的話題，一問就會大爆炸，這時，我會建議先把問題放一邊吧。先讓孩子內心的子彈飛一會兒，別在子彈亂射的時候硬湊過去，絕對會莫名中槍。如果孩子明顯躲避家人，或對家人有很複雜的情緒，又氣又怕又罪惡等，就先別談論學校課業的話題。

我們身為家長和大人要了解，孩子此刻的內在是非常孤單、害怕的。孩子不願意跟我們接觸沒關係，但我們可以在日常生活中留些關心的紙條給孩子，用間接的方式與之接觸，例如：「爸媽去上班了，冰箱有飯記得吃喔，愛你。」如果孩子不想跟全家人一起吃飯也沒關係。試想，如果孩子有個乖巧懂事、成績相當優異的手足，當全家人一起吃飯，孩子的壓力會有多大？孩子不想一起吃飯，就幫他留一點飯菜，他想吃的時候再自己出來吃就好。固定時間供餐，時間過了不吃就回收餐點，透過供餐讓孩子維持正常的生活作息。**讓孩子在失序的世界中，也能維持正常的作息，慢慢找回對生活的掌控感。**

同時，別幫孩子洗碗！**孩子該做的家事也要要求他做！**當孩子全面退縮在家裡，會覺得自己失去功能，變得很沒能力。我們期待孩子在家維持某些基本功能；當孩子對家裡還有貢獻，還能做家事，這會提供孩子「有能感」，讓他感覺自己不是廢到失去所有功能。

當孩子休息夠了，願意談談學校課業話題，家長可以運用第二章提到的方法跟孩子對話。了解孩子為什麼這麼恐懼上學？在逃避什麼？如果和孩子說沒兩句就吵起來，務必尋求校內輔導老師或外面心理師的協助。有時候孩子對家長會有比較多情緒，需要透過一個中立的第三者幫孩子釐清自己。

孩子把自己關在家裡整天上網，一點也不開心。讓孩子在失序的世界中，慢慢找回對生活的掌控感。

Q35

如何幫助拒學的孩子回歸校園？

A

漸進式的幫助孩子回到學校，首要目標是減少孩子對上學的恐懼

如果孩子想要嘗試回到學校，不要逼孩子太緊，要留一點逃的空間給孩子。要漸進式的讓孩子回歸校園，例如孩子可以從一天去一堂課開始，甚至不用踏進教室，只要踏入校園的任何一個區域就好——通常，會是讓孩子待在輔導室。

孩子可以從一天待在輔導室一節課開始練習，如果孩子覺得待不下去了，隨時可以請假回家。實行一陣子後，若孩子還想繼續下個階段的挑戰，可以變成一

天待在輔導室兩節課、三節課……漸進增加。進而再挑戰，一天選一節課回到班上上課，但如果在班上待不下去，可以隨時離開教室到輔導室待著。

切記，我們這時候的目標，不是讓孩子到學校有效吸收學習，而是僅僅讓孩子對學校不再感到這麼恐懼；先把學習放一邊，只要讓孩子踏入學校場域，就算達成目標。

當孩子逐漸能回到教室上課，這時候家長要請導師協助，告知各科授課老師，請老師們不要追繳作業。

試想，當孩子一回到學校，每個老師都在追繳欠了好幾個禮拜的作業，孩子的壓力大不大？會不會想再逃跑？當然會啊！家長要做好一個心理建設：不要期待孩子逐漸回歸校園後就會一帆風順。可能有一段時間孩子回歸得滿順利的，過一段時間又開始拒學，會這樣來來回回一陣子。允許孩子有退步的空間，在來來回回的過程中，孩子會逐漸往前進的。

孩子嘗試回歸校園失敗後，家長能做的就是耐心等待

如果孩子嘗試回歸校園，來來回回一陣子後，最後宣告再也不去學校、要待在家自學，或從頭到尾都沒有表示要嘗試回歸校園，這時家長能做的，只有等待。

繭居狀態沒有特效藥，不會立即改善。要從繭居狀態重新振作，短則半年，平均要花上兩三年時間。孩子身邊的人能夠耐住多長時間等待是關鍵。焦急並無法逼迫孩子重回學校，反而會使問題更加嚴重。當孩子開始繭居時，需要給孩子休息的空間，並了解問題所在，同時積累往後復原的能力。硬逼著孩子上學，會造成孩子的反彈。讓孩子待在學校的輔導室、給予孩子彈性請假上課的機會、預先跟各科老師說明孩子的情況，不追繳作業，都是學校能給孩子的幫助。

繭居並非偷懶，而是需要接受治療的狀態，在這個過程中，家人的協助是不可或缺的。處理繭居問題，孩子必須先跟家裡連結，再跟社會連結。當孩子內在狀態不穩定，家人的理解跟支持，對孩子來說是很重要的支撐力量。有了家人當

後盾，孩子在回歸社會、與社會連結的歷程中，承受過多壓力時，才能依靠家人的協助。避免好不容易積累勇氣，回去面對社會，卻忍了一陣子後又壓力過大崩潰，沒人可以協助自己，只好又躲回自己的世界中，再次證明自己無法融入世界。

遇到繭居問題，雙親一起參與治療很重要，用一致的態度對待孩子，也避免將責任放於其中一人身上，另一人冷眼旁觀。如果孩子不願意外出，也可以先由家人去接受諮商，更理解孩子處於封閉自我的狀態，以及家人如何跟孩子互動。

通常，父母對孩子繭居的狀態會產生很多焦慮，一焦慮，就會用上各種柔性、硬性的方式要孩子改變，反而引發更多親子衝突。諮商能教導父母如何在這時期等待並與孩子溝通。切記，拒學也只是表面議題。真正要處理的是孩子的深層議題。例如我曾遇過孩子因為大考失利，從此拒學，把自己關在家裡長達三年，足不出戶、完全失聯，後來決定振作起來，考上頂尖大學。孩子重回學校上學，看起來像是問題解決了，是嗎？不，問題一樣在。孩子仍太過在意成績，當他考不好的時候，嚴重的憂鬱就會發作，多次嘗試自殺。對他來說，好成績是定義自己價值唯一方法；他總是把自己帶到一個充滿挑戰但讓自己充滿挫折的環境，折磨自己、否定自己的價值，但又企圖在其中獲得奇蹟式的成功，證實自己的能力。在這樣的循環中，他的一生不可能快樂。

上述的例子中，真正要處理的不是拒學，而是孩子自我價值低落、用成績定義自己的問題。在我的諮商經驗中，我看到孩子所有問題的根源，都來自於缺乏愛。而孩子最在意的，就是家人的愛啊！很多時候家人可能對孩子極好，只是很可惜，家人表達愛的方式孩子沒接受到，甚至覺得是有條件的愛，讓人感到壓迫和窒息。這就是為什麼我想寫這本書的原因：家人，是唯一在孩子面目全非、無能低潮的時候，唯一能夠拉回孩子、重新信任世界、信任自己、相信愛的重要他人。家人是孩子的最後一根稻草，也是最重要的一根稻草。

拒學的孩子最深層的議題是自我價值感低落，以及缺愛。唯有家人的愛和支持，才可以幫助孩子走出房門，重回社會。

—結語—

在失控的危機中，感受愛

這是一個隱性孤單的時代。孩子明明生長在健全的家庭，卻感覺跟家人像住在同一個屋簷下的陌生人，需要維持某種距離才不會太受傷，也不懂自己為什麼憂鬱焦慮。明明有朋友，卻覺得朋友從沒真正認識接納自己，總需要在朋友面前戴上一層面具。看似與他人有很多連結、關係，卻覺得好孤單，覺得自己什麼都沒有，活在莫名恐懼中，害怕下一秒自己會不會被眾叛親離，成為被公審的對象？然後不斷質疑自己：我到底是誰？如果沒有維持網路上的人設，大家還會喜歡、接納我嗎？我真的喜歡那些大家都在玩的遊戲、聊的話題嗎？還是只是怕自己被邊緣化？

孩子對自己的情緒好陌生、好恐懼。他不敢讓人看見這樣的自己，覺得內在有一頭失控的野獸，彷彿是醜陋的自己。當孩子面臨成長過程的轉型挑戰，無人可商討下只能選擇自我封閉，裝作無所謂，退回成為繭居族，又有誰能懂孩子內在的煎熬？

希望所有的孩子，當他們在成長路上充滿迷惘、感到痛苦的時候，能被大人好好的接住。希望孩子能被愛灌溉，長成能夠愛人、信任世界的成人，並將愛延續給下一代。會看這本書的，都是重視教養的家長們，希望這本書能減少親子間的誤會，幫助親子找到溝通的方法，讓愛傳遞。

我們都是好棒的家長，願意為了孩子努力檢視改進自己，成為一位更能滋養孩子的父母。嘿，記得也原諒自己的不足，適度檢討就好；同時也把溫暖放入自己心中，抱抱這個一直好努力的自己吧。

許多家長——尤其是母親——當有了孩子之後，會把自己放到最後面，一切以孩子的需求為重，自己的需求無限往後延宕。總是在付出、總是給予、總是犧牲、總是忍讓，久了，失去了心理能量。

我們是家長，同時也是平凡人，也是需要被照顧滋養的！養育孩子的過程，其實也同時在重新經歷自己不完美、甚至充滿創傷的童年；給孩子溫暖的同時，也記得留一份溫暖給自己那個內在受傷的童年孩子。我們都是第一次為人父母，我們都很盡力，但很多時候還是做不好、無法當完美父母；或許並非有意，但還是讓孩子的心裡受傷了。

沒關係的。關係會撕裂，也會修復的。如果不小心讓孩子感到受傷，我們可以正視孩子的受傷，但也別過度苛求自己；可以適度檢討，但也試著原諒自己，當個「足夠好」的媽媽就好了。當個完美的母親，會壓垮自己的。

告訴自己：親愛的，你已經好努力了，也好不容易了。你已經很棒了。當父母是一條好漫長、也很難快速有成就感的道路。身邊更不乏用嘴指導如何育兒的魔人，更別說犧牲付出的結果，甚至某天可能被孩子埋怨。如果自己不鼓勵肯定自己，更不會有人看到自己的努力跟付出。

溫暖對待孩子的同時，也把溫暖放到自己的心中。照顧自己、原諒自己，接受不夠完美的自己，我們也會更有能力，接納不夠完美的孩子，氣著孩子的同時，仍好愛我們的孩子。

孩子出問題，不是誰的錯，只是問題就是發生了。跌跌撞撞、吵吵鬧鬧的同時，父母和孩子也一路互相扶持、幫襯著。或許孩子的人生暫時性的看起來延宕、停滯了，但每個人都有每個人的時區，人生道路很長，現在走慢一點，或許在未來某個時刻又會超越別人呢。沒關係的，人生真的很長，在愛中成長的孩子，是不會放棄自己的人生的。崩壞同時也是重生的機會，或許這是這個家庭中，重新彼此確認、感受愛的時刻。獻上我無限的祝福。

家庭與生活 094

隱性孤單

孩子有事不說怎麼辦？

35 個成長轉型的支持 & 溝通法則

作者｜陳雪如
責任編輯｜謝采芳、許嘉諾
文字校對｜魏秋綢
封面設計｜黃祺芸 Huang Chi Yun
內頁設計｜連紫吟、曹任華
內頁排版｜中原造像股份有限公司
行銷企劃｜溫詩潔

天下雜誌群創辦人｜殷允芃
董事長兼執行長｜何琦瑜
媒體產品事業群
總經理｜游玉雪
副總經理｜林彥傑
總監｜李佩芬
行銷總監｜林育菁
版權主任｜何晨瑋、黃微真

出版者｜親子天下股份有限公司
地址｜台北市 104 建國北路一段 96 號 4 樓
電話｜ (02) 2509-2800　　傳真｜ (02) 2509-2462
網址｜ www.parenting.com.tw
讀者服務專線｜ (02) 2662-0332　週一～週五 09:00~17:30
讀者服務傳真｜ (02) 2662-6048
客服信箱｜ parenting@cw.com.tw

法律顧問｜台英國際商務法律事務所・羅明通律師
製版印刷｜中原造像股份有限公司
總經銷｜大和圖書有限公司　　電話｜ (02) 8990-2588

出版日期｜ 2024 年 6 月第一版第一次印行
定價｜ 420 元
書號｜ BKEEF094P
ISBN ｜ 978-626-305-886-6（平裝）

國家圖書館出版品預行編目（CIP）資料

隱性孤單：孩子有事不說怎麼辦？35 個成長轉型的支持 & 溝通法則／陳雪如著 . -- 第一版 . -- 臺北市：親子天下股份有限公司 , 2024.06
304 面；14.8 X 21 公分 . --（家庭與生活；94）
ISBN 978-626-305-886-6（平裝）

1.CST：親職教育　2.CST：子女教育　3.CST：親子溝通

528.2　　113006269